情報収集力とコミュニケーション力で
確実に進める

ひとり法務

LEGAL AFFAIRS

LAPRAS株式会社
飯田裕子

同文舘出版

はじめに

企業において「法務」は、法的リスク管理や知的財産権の保護、紛争解決、コンプライアンスの維持など、企業の安定的な経営と社会からの信頼性を確保するために重要な役割を担っています。近年はグローバルな取引の拡大、AI等による急速な技術の進化、社会的責任の強調などの要因により、法務の役割も拡大し、より高度な専門性を求められるようになっています。

一方で、法的な問題というのは、それが発生する前には見えづらく、法務というポジションは、経理や労務といったほかのバックオフィスの部門よりも採用のスタートが遅くなる傾向にあります。その結果として、会社が求める法務機能を担える人材がなかなか採用できず、会社の規模が大きくなっても社内に法務担当者がひとりしかいない、いわゆる「ひとり法務」と呼ばれる人が増えてきています。

本書を手に取ってくださった方には、そのような「ひとり法務」でお悩みを抱える方や、顧問先や部下が「ひとり法務」で、そのサポートについて悩んでいる方、また将来的な自分のキャリアで「ひとり法務」を選択肢として考えている方がいるのではないでしょうか。

私自身、会社から求められる機能と、自分の実力との狭間で悩む「ひとり法務」です。
「ひとり法務」になった当初は、業務のどこから手をつけてよいのかわからず、相談するにも法務の知り合いもおらず、自分が今日やった業務にすら自信が持てない日々を過ごしていました。「他社と比べてこれで本当によいのか」「今やるべき業務の優先順位付けが適切にできているのか」「何かを見落としているんじゃないか」という不安が拭えない中で、目の前の案件には向き合う必要があり、日々手を動かしつつも心の奥ではずっと悩んでいました。

そのような状態から救ってくれたのは、社外の法務の先輩方でした。noteの記事に悩みを投稿したことがきっかけで、他社の法務の先輩が声をかけてくださり、法務のオンラインコミュニティに所属し、有志で自主的に開催する勉強会に参加し、交流会で知り合いができ……。他社の先輩方に囲まれているうちに、気づけば当初の不安感は払拭され、法務の仕事を楽しむことができるようになっていました。

そこで今度は、先輩たちから教えてもらったことを、少しでも他の人にシェアできればと思い、「ひとり法務」としての日々で気づいたことや、先輩方から学んだことをnoteに書き続けて、気づけば３年が経過しました。
本書はそれらのnoteに書いた内容を深掘りすることで「『ひとり法務』をはじめた頃の自分が、この情報があれば、もう少し“安心して”、『ひとり法務』をスタートできた」と思える本を目指しました。

法務の業務は会社によって様々ですし、求められる点も評価される点も異なり、正解があるものではないと思います。特に「ひとり法務」はリソースが限られているため、いろいろな先輩方の知見を糧に、自分なりのやり方を見つけていく必要があると思いますし、私自身も先輩たちの助言を受けて試行錯誤し、今につながっています。

そんな中で、私の経験や学びがひとつの糧として、この本を手に取っていただいた方の業務に役立ち、不安を和らげることができたら幸いです。

もくじ

情報収集力とコミュニケーション力で確実に進める　ひとり法務

9章 「ひとり法務」の不安と向き合う

エピローグ 「ひとり法務」は孤独ではない

カバー・本文デザイン　藤塚尚子（etokumi）
カバーイラスト　かくたすず
DTP　萩原印刷

プロローグ

さあ、
法務の仕事を
はじめよう！

法務の仕事は「法的リスクの舵取りをすること」

私は法学部で学び、司法試験を目指していたものの挫折し、その後「法務」という職業に憧れを抱いたまま、実際に法務職になるまでに、社会人になってから６年の月日を要しました。新卒で受けた法務の求人にはすべて落ちてしまったのですが諦めきれず、営業職、法律事務所の事務員、士業総合コンサルティンググループの人事採用担当を経て、ようやく現在、「ひとり法務」として法務の仕事に就くことができています。念願の法務になってもうすぐ４年が経ちますが、法務の仕事は非常に面白く、予想以上に刺激的な日々を送っています。

法務の仕事の好きなところはたくさんありますが、中でも**「勉強が仕事に真っ直ぐに活きる」**ことは、他の職種を経験したからこそわかる法務職の魅力だと思っています。法律は定期的に改正され、世の中の流れや新しい技術等を反映した新しいルールが定められるため、法務の仕事には書籍などでの、いわゆる「お勉強」が不可欠です。

裏を返せば、法務は勉強することで、自分の実力を伸ばすことができます。もちろん、ほかの職種でも勉強し続けることは重要ですが、**「昨日勉強した内容が、今日の仕事にすぐに活きる」**のは、法務の仕事の特長ではないでしょうか。

◉変わりゆくルールとともに歩む仕事

法務の仕事は多岐にわたりますが、それらをひと言で言うと**「法的リスクの舵取りをすること」**です。会社が事業を進める上で法律や契約に違反していると、ある日突然行政から指摘が入って事業がストップしてしまったり、顧客とのトラブルが発生し積み上げてきた信頼を失ってしまったり……ということが起こり得ます。

法務は、そのようなことが起こらないよう、会社が安心して広い海を航海できるように、法的なリスクを舵取りすることが仕事です。

「舵取りをする」と書きましたが、決してリスクをすべて避けることが法務の仕事ではなく、**場合によってはリスクを承知で（リスクをコントロールした上で）進む必要がある場面もあります**。

特に最近は、急な感染症のまん延や新しい技術の登場で、ビジネスのルールや常識が短期間で大きく変わることがあります。それに伴う法律等のルールは後から追従して変わるため、明確なルールができるまでの間は、適切なリスクコントロールをしつつ事業を前に進めていく必要があります。

また、ルールは時代に合わせて変わります。今の時代を生きているからこそ、今のルールに対峙することができ、私たちがつくる事業やサービスが社会を動かして、新たなルールにつながっていきます。

法律というルールを理解しつつ、自社に潜むリスクを探知し、会社という船が沈まないよう、行きたい場所に早く行けるよう、しっかりと舵取りをする。自分の仕事をこうイメージできるようになってから、私自身、法務の仕事が今まで以上に好きになりました。

多岐にわたる法務の仕事

法務の仕事は会社ごとに異なります。一般的には、契約書の作成・レビューがイメージされやすいですが、それ以外にも社内の各部署から発生する法律に関わる相談事への対応、サービスなどが法令に違反していないかどうかのレビュー、社外のステークホルダーから寄せられる自社事業に関する法的な確認・要請への対応、株主総会や取締役会の運営、特許や商標などの管理、法改正への対応や顧問の先生方への依頼管理など、本当に多岐にわたります。

従来は、社内外の法的なトラブルを未然に防ぎ、法的トラブルが発生した際に対応する、いわゆる「守り」の業務が求められてきましたが、最近はその傾向が変わり、いわゆる**「攻め」の業務が求められるように**なってきました。

ビジネスに対して、単に審査するような立ち位置からもう一歩踏み込み、**経営層や事業部と同じ目線で課題を捉え、企業の戦略を法律面からサポートし、会社・事業を伸ばすための伴走者となる役割**が法務に求められています。

また、そのような**「事業起点」**で発生する業務以外にも、法務の人以外にはその重要性が理解されづらい**「法改正対応」や「新しい法律のキャッチアップ」などの「法務起点」**の業務もあります。

これらの業務は定期的に発生する一方で、声がかかって仕事がはじまるような事業のレビューなどと異なり、**「法務が気づかないと、社内の誰も気づかない」対応**です。そのため、法務が主体的に他部署を巻き込んで対応する必要があります。場合によってはまだ解説書や行政からのガイドラインも出ていない法律に対して、自らの腕一本で立ち向かいつつ、社内にも対応を働きかけていく必要がある、重要な仕事なのです。

ほかにも、**突発的な対応**が求められる業務もあります。例えば、法令に違反して行政から調査や指導が入ってしまったり、契約内容を把握しておらず他社から訴訟を起こされてしまったり、といった場面です。

昨今ではSNSなどの普及もあり、情報発信のレピュテーションリスク（企業や製品への評判が悪化し、企業への信頼や価値が低下するリスク）が高まってきており、いわゆる「炎上」現象が起きて緊急対応が必要になることもあります。そのような場合に、**起こった事象をまとめ、原因を調査しつつ、リスクをコントロールしながら事態を収束させるような「リスクが顕在化した後」の対応**も法務の重要な仕事です。

法務の仕事の２つの魅力

法務の仕事の魅力はいくつかありますが、私は大きく、**①謎解きのようなワクワク感があること、②法律を通じて社会とのつながりを感じられること**の２点が魅力だと思っています。

①謎解きのようなワクワク感

法務に寄せられる質問には、「ステマが規制されるって聞いたんだけど、大丈夫？」という具体的な相談から「これ何か法律に引っかかる？」といった抽象的なものまで、多岐にわたります。この中には様々なリスクをはらんだものがありますが、**すべての質問を整理すると、「法的問題」が根底にあり、その問題を整理し、解いていく（リスクコントロールしていく）のが法務の仕事**です。

特に「ひとり法務」の場合は、会社の中で**「自分にしか解けない問題」**に対峙しているので、社内のメンバーから頼られることも多く、自身の頑張りが事業に与える影響も大きく、大変な分、やりがいのある仕事です。

法律を勉強するのは大変ですが、書籍などで勉強した知識を元に頭を使って解くような「問題」が毎日次々と降ってきて、知識と能力と社外の専門家の助けを総動員して「答え」を出すことには独特の楽しさがあります。

すでに書籍などに解説が載っているような問題であれば、知識を得つつ明確なゴールに辿り着ける気持ちよさがあります。また、まだ誰も解いたことのないような問題であれば、**時代を代表して今のルールに腕一本で対峙する**といった、興奮も感じることができます。

誰しも最初は「法的な論点がどこにあって、どういった法律を用いて、どういう順序で考えれば答えに辿り着けるかわからない」状態から勉強を重ねていきます。そのため、法務になった当初は勉強がただの“計算ドリル”のように感じますが、勉強を重ね業務を経験していくと、すぐに“難問＝簡単には答えの出ない問題”にぶつかります。

そのような問題に対し、法務として研鑽を積むことで法の知識を蓄積し、ビジネスの全体像や利害関係を理解し、絡み合った問題を一つひとつ紐解いて回答に辿り着くことは、まさに「謎解き」のワクワク感です。さらに、それらの問題が自分ひとりに集約されることで、会社に頼られ、調べた情報がすぐに事業の役立ち、自分の骨肉にもなっていくのは、大人数で運営している法務ではなく、「ひとり法務」として働くことの醍醐味だと思います。

②法律を通じて社会とのつながりを感じられること

人間は「ある程度の規模でまとまって、自由と引き換えにルールを守る」世界で生きています。ということは、そのルールには大げさにいうと、**人類のこれまでの叡智が詰まっている**訳です。

一見、何のためにあるかわからない条文も、紐解いていくと実は歴史的な経緯があったりします。私自身、法務になってようやく「社会科」に「地理」と「歴史」と「法律」と「政治」がまとまっている理由がわかりました。法務の目線から見ると、それらがすべて相互に関連して、現在のルールにつながっているからです。

　そのような目線で法律に触れると、机の上に壮大な「人類の叡智」が載っていることに気づきます。今の時代の実務の最前線でその叡智に触れ続けられる法務の仕事は、**知的好奇心を満たしながら世界とつながることのできる**、非常に面白い仕事と言えるのです。

　加えて、自社の商品やサービスが画期的なものであれば、さらにそれらのルールがアップデートされる場面に法務として立ち会うこともあるでしょう。自分の業務がめぐりめぐって人類の叡智のアップデートにつながる。そんな面白い仕事、ほかにはなかなかないのではないかと思います。

「ひとり法務」において大切なこと

本書を手に取ってくださった方の中には、今から「ひとり法務」として仕事をはじめるという方もいるかと思います。ひとりで会社に関わるすべての法律をカバーし、これから勉強を重ねていくことを、不安に思っている方もいるのではないでしょうか。

私は「ひとり法務」を４年近くやっていますが、残念ながら、いくら勉強をしても、経験をしても、その不安は消えていません。ただ、少しずつ仕事に慣れてきてわかったのは、**「リスクと対峙する時には不安なくらいがちょうどよい」**ということです。舵を取る人が傲慢になってミスをするより、不安に怯え周囲に目配りしながら運転したほうが、安全に航海できるのと同じです。

一方で、ずっと不安な状態にいると、相当な負荷がかかりますし、誰しもつらくなってしまいます。そのため、「ひとり法務」においては**「安定的に稼動する」ことが重要**になってきます。一時的にすごく頑張って高いパフォーマンスを出しても、その次の週に倒れてしまえば、会社に法務がいなくなり、リスクの舵取りができなくなってしまいます。

そのため、決して倒れないように、でも必要な努力が続けられるような、**自分にとっての“いい塩梅”を見つけること**が、「ひとり法務」

にとっては重要なポイントだと思います。

◉自分のコンディションを整えることも大切な“仕事”

法務というポジションが会社で確立されると、リスクコントロールの役割を法務に任せられることで、ほかのメンバーは自分の仕事に集中できます。裏を返せば、法務に任せて手放したリスクコントロールの役割は、法務以外の人にはカバーができない構造になります。

そうなると、**誰も交代できない「舵取り」をしている「ひとり法務」のパフォーマンスが下がること自体が重大なリスク**です。最終的に無理して倒れたり離職したりしてしまうと、リスクコントロールの機能がぽっかりと空いた状態で企業活動が続くことになり、非常に危険です。そのため、「ひとり法務」として会社に貢献し続けるために、責任を感じて不安を抱える一方で、**休む勇気を持ち、自分のコンディションを整えることが、何よりも重要な仕事**だと思います。

本書では、「ひとり法務」としての実際の業務の工夫だけでなく、プレッシャーのかかる仕事への向き合い方や「ひとり法務」としての心構えなどを紹介することで、「ひとり法務」が「楽しく働き続けられる」環境を獲得するためのお手伝いをできればと思っています。

頼られ、知的好奇心を満たされるという楽しい側面がある一方で、責任と隣り合わせで継続的な努力が必要というつらい側面もあるのが、「ひとり法務」の世界です。そんな世界を、皆さんが少しでも楽しさを感じながら歩き続けられますように。

本書の読み進め方

「ひとり法務」の場合、前任者が退職を控えていたり、ほかの業務と兼任していたりといった事情で、急いで引き継ぎを受ける場合も多くあるでしょう。また、場合によっては「会社に初めて法務が入ってくるぞ！」といった期待感を持って「ひとり法務」として迎えられる一方で、そもそもひとりでできる業務量には限りがあるため、シビアに優先順位をつけて対応していくことも考えなければなりません。

そのため、本書はそれぞれが独立した章でありつつも、**1章から6章までは「ひとり法務」になってからの初動でやるべきこと、慣れてきてからやるべきことなど、時系列を意識した構成**になっています。次いで**7章以降は、「ひとり法務」のよくあるお悩みを取り上げ、具体的に解説**しています。

基本的には1章から順番に読んでいただくほうが、今後の動き方のイメージがつかみやすいかと思いますが、今まで法務経験がない状態で「ひとり法務」になった方には、1章から3章は少し難しく感じるかもしれません。その場合、ぜひ3章までは軽く読んでいただき、4章〜6章でそれぞれの法務業務の具体的な仕事内容を把握してから、1章〜3章に戻ってきていただければと思います。

また、長期的な視野を持ちつつ目の前の業務に向かえるよう、本書では「ひとり法務」になって数年後に取り組むような業務についても記載しています。そのため、今から「ひとり法務」をスタートする方は、あまり先に先にと読み進めると、現実と理想のギャップにつらくなってしまうこともあるかもしれません。

そのような場合は無理して読み進めず、自分が今やるべき仕事の部分だけを参考にして、次のフェーズになったら次の章を読むといった形でゆっくり読み進めていただき、ぜひ本書と長いお付き合いをしていただければと思います。

1章

「ひとり法務」になって最初にやること

会社からの「期待値」と法務の「現在地」を確認しよう

「ひとり法務」になってまずやるべきことは、**「期待値のすり合わせ」**です。あなたが法務として採用された、または異動になったということは、**会社としては「法務を置きたい理由」が必ずあります。**

例えば、兼任しているメンバーの負担軽減であったり、契約書の審査の日数の短縮であったり、社内にない知見の取得であったり、IPO準備の足がかりだったりするでしょう。もちろん、目的がひとつの場合もあれば、複数の目的が絡み合っている場合もあります。

また、会社が採用した理由は氷山の一角であり、**「法務を置きたい真の理由」が隠れている場合**もあります。そのため、まずは「自分が採用された理由」を確認しつつも、それ以上の期待がかかっていると感じた場合には社内のメンバーとコミュニケーションを取ることで、「真の理由」を探し出す必要もあるかもしれません。

期待値のすり合わせが大事だとわかっていても、入社後（異動後）すぐに契約書や利用規約の作成等の成果物を求められる場合もあるかと思います。その場合は依頼された仕事にきちんと対応しつつも、それ以外の時間はできるだけこの期待値と現在地の確認に時間を使うことをおすすめします。

長期的な視点や優先順位付けなしに目の前の業務を進めてしまうと、会社として優先度の高い問題を放置してしまい、先に対応しておけばすぐに済んだ問題が、後になって大きな問題に“化けて”しまうリスクがあります。

また、会社が期待していた成果と自分が努力したポイントがずれてしまい評価されない、忙しすぎて本来やるべき業務に手がまわらないなど、優先順位付けを誤って目の前の業務に取り組むと、結果として誤った方向に努力してしまうリスクもあります。

会社が理想とする状態を知り、現在地を整理すれば、あとは優先順位をつけてその差分を埋めることだけに集中できます。

目の前の業務を来た順に処理するのではなく、対応すべきリスクの優先順位を整理できるほうがより法務としての価値も発揮できますし、法務にしか見えないリスクもしっかりケアすることができます。

法務として「リスクの舵取り」の専門性で会社に貢献するために、まずはリスクの洗い出しから着手しましょう。今まで担当者がおらず、誰もやっていなかった分野なので大変ですが、逆に言えばその分野に手をつけるからこそ、「ひとり法務」として配属・採用された価値を出すことができます。

◉社内で情報を集め、業務に優先順位をつける方法

期待値と現在地を確認するには、まずは関連しそうな情報を集める必要があります。情報を集めるためには、複数の部署やメンバーにヒアリングをして、今の法務に関する課題や、法務に対する期待やその優先順位を聞いてまわる方法がおすすめです。

ヒアリングする人によって希望が異なる、部署によって対応してほ

しい課題の優先順位が異なるということもありますが、まずはとにかくヒアリングしていきます。社内のメンバーや関係する部署の方へのご挨拶や関係性づくりも兼ねてヒアリングを行なうことで、法務が入社・配属されたということを社内に実感してもらうこともできます。

ヒアリングを重ねて情報が集まったら、次はその内容を**「期待値」と「現在地」に整理していきます。**この一覧表をつくることで、今度は**「どこから手をつけるべきか」の優先度の相談が社内にできるようになりますし、具体的にどういう施策をこれから打っていくかも考えやすくなります。**さらに、表に書いた内容をどんどん改善することで、法務の成果や存在価値を社内にアピールしやすくなります。

▼ 課題の「期待値」と「現在地」を一覧にしよう

課題（ヒアリング内容）	期待値	現在地
①受注する契約書の法務レビューにかかる時間が2週間かかるのは遅すぎる。せめて1週間以内にできないか。	契約書レビューが1週間以内に返ってくる。	契約書レビューに2週間かかる。
②お客様から契約書の控えがほしいと言われても、どこにあるかわからないので、整理してほしい。	過去の契約書が一覧になっているか、すぐに出せる状態になっている。	過去の契約書がどこにあるかわからない。
③利用規約に違反していそうなお客様がいるが、禁止事項に該当するのかがわからない。	禁止事項が法務以外にもわかりやすくなっているか、法務に聞けばすぐわかるようになっている。	利用規約の禁止事項がどういうケースなのかがわからない。

その上で、**①その現状が続くことで会社が抱えるリスク、②会社に与えるインパクト、③対応にかかる工数をひとつの指標として**優先順位付けしていくとよいかと思います。

例えば、課題①の契約書レビューの遅延のせいで契約が翌月になっている案件がたくさんあれば、法務が入ることで当月の売り上げの改善が見込めるかもしれず、その場合に事業に与えるインパクトは大きなものになります。一方で、自身に法務経験がない場合、契約書を早くレビューするというのはハードルが高く、対応にかかる工数も大きくなりそうです。そういった視点で、先ほどの表を更新していきます。

▼課題の優先順位を考える

期待値	現在地	リスク	インパクト	対応工数
契約書レビューが1週間以内に返ってくる。	契約書レビューに2週間かかる。	小	大	大
過去の契約書が一覧になっているか、すぐに出せる状態になっている。	過去の契約書がどこにあるかわからない。	中	小	中
禁止事項が法務以外にもわかりやすくなっているか、法務に聞けばすぐわかるようになっている。	利用規約の禁止事項がどういうケースなのかがわからない。	中	小	大

ここまでまとめたら、後は社内に相談することで、優先順位付けを進めることができます。まずは法務で優先順位をつけてみてもよいですし、**この時点で決定権のある経営メンバーや管理部長などに相談し、一緒に課題や優先順位の認識をすり合わせができれば、自社の経営方**

針やキーマンの考え方も知ることができます。

優先順位がついてしまえば、「この仕事をしていてよいのだろうか」「ほかに何か重大なリスクを見落としているのではないか」という不安も減り、あとは一つひとつの課題に自信を持って向き合っていくことで、法務としての価値が発揮できるようになります。

実際にすべての課題を解決し終えるには、1年以上かかることがほとんどだと思いますが、**ひとつずつ前進していることがわかると漠然とした不安がなくなり、達成感を得つつ業務を進めやすくなる**でしょう。

また、先にすり合わせができているため、「法務が入社したが、『ひとり法務』なので外からは何をやっているかわからない」といった状態も防ぐことができ、「ひとり法務」の評価の問題も同時に解決することもあります。

なお、リスクとインパクトは法務では変えられませんが、**対応工数は顧問の先生に頼ったり、リーガルテックを活用したりといった方法で、減らすことができます。**そのため、一覧表ができることで、期待値や納期を叶えるためにはリソースが足りないことが明らかになり、次章で触れる「頼れる専門家」や「使える予算」を増やしてほしい旨の説明がしやすくなる場合もあります。そういった副次的なメリットもあるため、やはり現在地と期待値を確認した上で、一覧表を早めに作成することをおすすめします。

頼れる専門家と
使える予算を確認しよう

法務の仕事を進める際には、社外の専門家に頼る必要があります。特に「ひとり法務」の場合、会社で起こるすべての法的な問題点をひとりでカバーすることは現実的でなく、調査やレビューなどで**外部の専門家に“うまく頼る”**ことが大切です。

助けてくれる専門家とは、**弁護士、司法書士、行政書士、社会保険労務士、弁理士、税理士などのいわゆる「士業」と呼ばれている先生方**です。そのため、まずは会社で指定の専門家がいるか、いる場合は契約内容（料金体系を含む）と社内の窓口部門を確認しましょう。

契約内容（料金体系）は、**タイムチャージ制で相談時間に応じて料金が発生する契約**と、**案件の内容によって時間にかかわらず手続きごとの料金が定められている契約**があります。弁護士の場合は前者が多く、司法書士や行政書士の場合は後者が多いかと思います。

また、タイムチャージ制の中には、毎月または年間で一定の顧問料金を支払う代わりに、何時間かの相談枠がそれらの料金に含まれているタイプの契約もあります（一般的には、このように月間または年間で定額の支払いをするような契約を、**顧問契約**と呼ぶことが多いです)。士業の先生によってお願いできる業務が異なるため、もし、まだお付き合いのない専門家に頼る場合は、その専門家を探すところからが「ひとり法務」の仕事になる場合もあります。

資格別のイメージが湧かない方も多いと思うので、「ひとり法務」で依頼することの多い内容の例とその対象を簡単にご紹介します。**各士業には「独占業務」と呼ばれる、特定の国家資格者しか取り扱えない業務がある**ため、依頼の際は注意が必要です。また、「医師の○○科」というイメージと近いですが、同じ資格だとしても得意領域が異なる場合もあるので、実際にどのようなことが依頼できるかは個別に確認してから進めるとよいでしょう。

▼ 専門家と依頼内容の例

資格名	依頼することの多い内容の例
弁護士	契約書や利用規約のレビュー、法律に関する調査、訴訟対応や紛争予防のための対応等、法律全般に関わる内容等。
司法書士	役員の変更や本店移転等の際の登記申請等。
行政書士	ビザの取得や許認可手続き等の行政関係の申請等。
社会保険労務士	社内規程の作成や給与計算・労務トラブルに関する相談等（社内に労務担当がいる場合は、直接法務から依頼することは少ない）。
弁理士	特許や商標の取得申請等。
税理士	会計や税務に関する相談等（社内に経理・財務担当がいる場合、直接法務から依頼することは少ない）。

専門家との社内窓口については、例えば税理士の場合は経理部門、社会保険労務士の場合は労務部門といったように、別の部署がすでに契約している場合があるので、どの部門がどの専門家と契約をしているのかを把握しておきます。場合によっては、法務からその先生に相談したいことが出てきた際には、その社内窓口を通して依頼すること

になるからです。

一般的には**弁護士・司法書士・行政書士・弁理士は法務部門が窓口になることが多い**ですが、労務部門で専門の弁護士と契約している、特許は事業部で弁理士と契約して対応している、などという場合もあります。なお、前任者の退職などの事情で、社内で誰も専門家との契約内容を把握できていないような場合は、過去の契約書フォルダ等から現状の契約を探したり、社内で誰か知っている人がいないかを探すところからはじめる必要があります。

すでに会社が契約している顧問の先生がいる場合は、**早目に自己紹介をしておくことも今後の関係性構築のために重要**です。可能であれば、顧問契約をしている先生には一度オンラインでもよいので時間を取ってお会いし、自身のスキルや経験などを素直に伝えておくと、今後依頼する際に適切なアドバイスやフォローをいただけることがあります。

また、顧問の先生がいない場合は、顧問契約をする先生やスポットで相談する先生を、**自分自身で探す必要**があります。士業の先生達は専門家同士でネットワークを持っているので、新しく専門家を探したいが当てがない場合には、**すでに会社で契約している専門家の先生に紹介してもらうことも可能**です。また、会社のビジネスに特有の法律が関わる場合には、その分野で有名な先生に連絡してみるといった方法もあります。

◉予算コントロールを考える

士業の先生に何かしらの業務をお願いする際には、そこで発生する費用のコントロールも法務の仕事です。そのため、法務部門の予算についても社内で確認する必要があります。**そもそも予算がついていない場合は、お願いしたい先生のタイムチャージなどから逆算していったん予算をつくってみた上で、予算を管理している部署と相談**するとよいでしょう。

顧問の先生に支払う費用以外にも、最近は**「リーガルテック」と呼ばれる、取引先チェック、契約書レビュー、契約書管理、電子契約、法務調査等、法務の業務に役立つ様々なデジタルサービスがある**ため、それらのツールを使いたい場合は予算に盛り込む必要があります。

「ひとり法務」の場合、どうしても使える工数に限りがあるので、日々の単純作業を減らしたり、ツールのサポートで時間短縮できる部分はツールを使用したりと、リーガルテックツール等の導入も積極的に検討してよいかと思います。

例えば契約書のレビューの時間や契約書を探す時間を短縮できれば、対応スピードを上げたり、より難易度の高い案件に使う時間を増やしたりすることができるようになります。また、場合によっては、ツール導入企業限定のセミナーやコミュニティがあり、知識や業界のトレンドのキャッチアップに役立ちます。

これらのツールは便利な一方で、依存しすぎると「そのシステムがないと仕事ができない」という事態に陥るというデメリットもあります。また、法務として成果が出ていないうちからツールの導入やセミナーでの勉強ばかりが目立つと、法務に対して成果や予算への意識が薄いといったネガティブな印象を持たれるリスクもあります。

そのため、会社が求める法務業務をひとりでまわすためには、顧問契約や専門家への相談、リーガルテック等の導入も含めた業務改善に、それぞれどの程度予算が必要なのか把握しつつ、どういった順番でどこに優先度をつけて予算を使うべきなのかを意識して仕事を進める必要があります。

社外のリソースにうまく頼りつつ、予算はしっかりとコントロールできるよう心がけましょう。

他部門との業務範囲の切り分けや、役割分担について確認しよう

会社ごとに、法務部門に求められる業務の範囲にはばらつきがあります。例えば、労務に関するトラブルは労務か、法務か。契約書への押印や契約書の管理は総務か、法務か。株主総会や登記の対応は総務か法務か。商標や特許などの管理については法務か事業部の中に別部門があるのか。などなど、**法務部門と他部門の業務の境界線や範囲は企業により異なります。**

そのため、法務部門の立ち上げの際には、他部門が法務にどこまでの範囲を求めているかを確認すると同時に、他部門ですでに業務として行なっているものは何なのか、それは引き続きお願いできるのかについても確認することが必要です。

◉どこまで法務が行なうべきか、各部門とすり合わせる

「ひとり法務」の会社では、ほかのバックオフィスも少数精鋭で運営されていることが多く、「この範囲は今まで自分たちでやっていたが、法務担当が入ってきたのであればお願いしたい」という場合もあります。逆に「ほかの部署がやっているだろう」と思って法務が着手していなかったことが、実は法務に期待されていたというようなトラブルも起き得ます。

また、バックオフィスだけでなく、事業部門との役割分担についても確認が必要な場合があります。例えば、契約のひな形がある程度定まっている場合、ひな形通りの場合は事業部門側で契約締結まで実施してよいのか。そのような場合、取引先のチェックや契約内容の最終確認はどのタイミングで法務と連携できるのか。営業事務の担当者にどの程度の契約事務を依頼できるのか。**特に稟議等が整っていないベンチャー企業の場合は、誰がどの内容を決裁できるかについて曖昧になっている場合もあるので、丁寧な確認が必要**です。

事業部門からすると、今までは一部の契約事務をやっていたが、法務専任者が入ってきたのであれば法務にすべての事務を依頼したいと期待しているかもしれません。

一方で、「ひとり法務」の場合、自分の時間には限界があるので、付随する契約事務もすべて法務で引き受けると時間に余裕がなくなり、結果的に契約書審査のスピードが落ちて事業にネガティブな影響を与えるかもしれません。そのため、法務としてお願いしたいことや法務で巻き取れる業務範囲と、事業部側の希望をすり合わせつつ、業務範囲の切り分けについて相談するのがよいかと思います。

法務以外の経験は、法務に役に立つのか？

他部署・他職種からの異動で「ひとり法務」になった場合、学生の頃の授業の知識だけで業務をスタートすることになったり、法学部出身でもなく今まで一度も学問としての「法学」を勉強したことがなかったりと、**「法律知識がない自分に法務が務まるのか」**について不安に思う方が多いかと思います。私自身も、法学部や法律事務所で学んだ知識はあったものの、人事採用担当から法務担当に兼任になる形で法務キャリアをスタートさせたので、最初は非常に不安でした。

現在「ひとり法務」として４年近く経験を積んで思うのは、**他職種での経験は確実に法務業務に役に立つ**ということと、一方で**法律知識のキャッチアップも重要**だということです。

法務業務には２つの軸が必要です。**ひとつは会社や事業に対する理解、もうひとつは法律に関する知識です**。そのため、他部署で活躍していた人は、すでに「会社や事業に対する理解」という軸がある状態なので、そこを「法律的な視点から見ると、どういう整理になるか」という見方さえ身につければ、問題なく活躍ができると思います。

具体的に、契約書を作成する場面を想像してみてください。契約書は実際のビジネスにおける約束を書面に起こすものなので、どういったモノやサービスを提供するのか・提供を受けるのかという部分は、事業や会社の知識がないとわかりません。一方で、どういったモノやサービスを提供するのか・提供を受けるのかがわかっても、どのような契約形態や法律が適用されるかについては、法律知識がないとわかりません。そのため、2つの軸のバランスが重要になります。

一見、「法律に関する知識」という軸がある人のほうが立ち上がりは早そうに感じますが、実は**「事業や会社に対する理解」という軸がないことが理由で、立ち上がりに時間がかかることもあります。**なぜならば、その理解のためには、社内で一から信頼関係をつくって情報を得たり、実際のビジネスの現場や商材を見てキャッチアップしたりと、書籍や今までに身につけた知識では得られない「現場の知識」が重要になってくるからです。

◉現場の知識があることはアドバンテージになる

法務が初めての人は「法務に関する知識」をつけることは、非常にハードルが高いものだという印象があるかもしれません。しかし、実は**法律の知識は「現場の知識」と比べると、書籍やセミナーなど勉強するための教材が充実しており、「法学」という学問のジャンルやいくつかの法律資格もあるので、ある程度、知識獲得までの「型」が決まっている**のです。

そのため、もちろん法学という奥深い学問をゼロから勉強するという難しさはありますが、「現場に出ないとわからない」知識よりも、独学で何とかなる勉強の知識のほうがキャッチアップしやすいという見方もできます。

また法務は、「法律の専門家」というイメージがあるかと思いますが、実は法律知識については外部の専門家のほうが圧倒的に詳しい場合がほとんどです。そのため、**「専門家」と「会社」の間の橋渡し役となるための法律知識は必要ですが、すべての法律を隅々まで100%理解している状態までは求められません**。「ひとり法務」は、そもそも自分ひとりのカバー力には限界があるという前提で業務にあたるほうが安全です。

法務といえども、法律という専門性を持つ“ビジネスマン”であり、相手にわかりやすく伝える技術や要点をまとめる技術等、一般的なビジネススキルや今までの経験は、必ず法務業務でも活きます。

最近は法務を極めるために、あえて数年間、別の職種で働くことで現場の視点を取り入れる方もいるほどなので、それくらい法務にとって「現場の知識」は重要なものです。あなたの経験が必ず役に立つ場面が来るので、安心して法務の道を進んでいただきたいと思います。

COLUMN

ひとり目の法務を採用するのにベストなタイミングはいつか？

本書を手に取ってくださった方には、もしかしたら兼任で法務をしており、法務の専任者を採用するタイミングに悩んでいる方もいるかもしれません。法務は、経理や労務など、ほかのバックオフィスの業務に比べると、「決算が締まらない」「給与が払えない」などの日頃の業務ですぐに問題になる場面が想定しづらかったり、外部弁護士がいることで十分足りているように感じてしまったりといった理由で、なかなか専任者の採用がされづらいポジションでもあります。

ただ、専任者が必要になった時点で採用をはじめると、採用できた時点ではすでに1.5人分くらいに仕事が膨らんでおり、入社後に「ひとり法務」が非常に大変な思いをするということもあります。

そうならないためのひとつの目安として、「顧問弁護士では足りない」と感じた時は、社内で補完せずに採用を考えてみてもよいのではないでしょうか。

例えば、もっと返信が早くほしい、顧問の先生に思ったように情報が伝わらない、質問回数が増えてお金がかかりすぎるなどの理由で、外部の弁護士だけでは足りないと感じている場合、それは顧問の先生側に問題があるのではなく、社内の人が法務機能に対して要求するレベルが上がっているケースが多いのです。このように社外リソースでは賄えない場合、社内に法務を入れて、法的論点の整理をすることのメリットが高まります。

顧問弁護士の対応では満足できなくなっている時点で、「見えている問題」だけで相当量があるため、その裏には「見えていない問題」「見えているけど質問する必要がないと思っている問題」もそれ以上にあるはずです。

また、「ひとり法務」はそれだけで書籍が1冊書けるくらいに特有の難しさがある仕事なので、普通に法務を増員する場合より採用のハードルが高く、募集を開始してから採用が決まるまでにも時間もかかります。そのため、「足りない」と感じることがあれば、早めの採用開始をおすすめします。

2 章

社内での情報収集のポイントと注意点

「ひとり法務」には必ず「引き継ぎをしてくれる人」がいる

「ひとり目の法務として採用された」「社内で法務部門を立ち上げることになった」「ほかのメンバーの退職により法務部門でひとりになった」など、「ひとり法務」になる事情は会社それぞれだと思いますが、共通していることとしては**「まずは引き継ぎからはじまる」**という点です。

もし、今まで会社に法務の担当者がいなくても、会社がそれまで“一切契約をせずにビジネスを行なってきた”ということはなく、必ず誰かから情報の引き継ぎを受けることができます。

例えば、経理や総務等の社内のほかのメンバーが兼任で法務をやっていたり、顧問弁護士のような社外の専門家を経営層が活用していたり、何かしらあなたが仕事をはじめる前に「法務」に携わっている人たちがいて、その人に退職予定がない場合は、基本的にはその人たちから引き継ぎを受けることができます。

また、ほかのメンバーが退職してひとりになる場合でも、多くの場合は退職前に引き継ぎを受けることができるでしょう。

そのため、本当にゼロからすべてに対応するわけではなく、**対応のベースとなる「過去の契約・対応」**が、「ひとり法務」が仕事をはじめる土台となります。

一方で、相手が法務の専門家ではない、退職までの期限が迫っていて時間がないなどの理由で、必要な情報を網羅的に提供してもらえない場合もあります。そのような場合には、**自ら積極的にヒアリングを行なうことで、相手方から情報を引き出していく**必要があります。そのため、本章では「ひとり法務」が業務をはじめる際のスタート地点となる情報収集について、そのポイントと注意点について説明します。

引き継ぎをしてくれる人への感謝とリスペクトを忘れずに

法務に限らず、今まで社内になかったポジションにひとり目として入社した場合、「できていること」より先に「できていない」ことがどうしても目についてしまいます。

しかし、そのような場面で「こんなこともできていないなんて！」といった論調で高圧的な態度を取ると、今まで頑張ってきたメンバーとしては、気持ちよく引き継ぎができません。自分が入社したことで改善できるものがあるという自負を持ちつつも、**メンバーが法務ゼロの状態でも頑張っていたことに対する尊敬**は忘れずにいたいものです。

残念ながら、自社の法務業務の引き継ぎを受ける際に、例えば過去の重要書類が紛失されていたり、必要な手続きや登記がされていなかったり、法務の専門性がある人からすると「あり得ない」過去のミスが出てくることもあるかと思います。

しかし、法務の知識がない状態でも、必要に迫られて法務の仕事を引き受けてきたメンバーがいたからこそ、今の状態があります。もしかしたら、丁寧な仕事をしたくても、兼任で時間が限られた中で対応していたため、対応した本人も苦しみを抱えていたという場合もあるかもしれません。

そのような状況で、いわば「つないで」くれた人に対して、感謝と尊敬の念が感じられないコミュニケーションをしないよう、最大限注意を払いましょう。特に**「ひとり法務」では、法務に対する印象とあなた個人に対する印象がイコールになります。**自分や自分の仲間の過去の仕事を否定されたメンバーが、法務に協力したいと思えなくなってしまった場合、その後の仕事で苦労するのは自分自身です。そのため、特に最初は、物申したくなることがあっても少し堪えて、**前任の担当者に配慮しつつ、改善を進めていく姿勢が重要**です。

例えば「いろいろと法律に違反していた利用規約をきれいにしました」と言うよりも、「利用規約を一定期間運用したおかげで得られた知見と法改正を踏まえて、利用規約を改定しました」というコミュニケーションのほうが、前任の担当者への棘を減らすことができます。

また、「○○さんが詳しくないので、契約書審査を交代しました」よりも、「法務として入社したので○○さんの業務を引き継ぎました。○○さん、今まで兼任で契約書審査をしていただき、本当にありがとうございました」というメッセージのほうが、気持ちよく引き継ぎの仕事ができるのではないでしょうか。

もちろん、誤りを正したり、未整備な部分に手を入れたりする必要はありますし、それを期待されて入社している側面もあるかと思います。それ自体は非常に価値のある仕事なので、その過程のコミュニケーションで減点をされないように気をつけましょう。これからいろいろな仕事に着手するにあたり、**社内の信頼を獲得するのも、法務業務の一環だと考えて、「法務の見え方」も意識してみてください。**

契約書のひな形の情報を集めよう

法務として最初に期待される業務のひとつに、**「契約書の審査」**があるかと思います。最終的には過去の締結した契約書等も含めて、会社の取引すべてを法務が把握できていることが理想ですが、いきなり完璧を目指すとかなりの時間を奪われてしまい、その期間は他の仕事ができなくなってしまいます。そこでまずは、**契約書のひな形の情報**を収集しましょう。

契約書のひな形とは、**契約を締結する際に「テンプレート」として使う契約書**のことです。すべての契約に対して白紙から契約を準備するのは大変なので、一般的には顧問弁護士や社内の法務が契約書のテンプレートをあらかじめつくっておき、そのテンプレートを叩き台に、個別の具体的な案件に応じて修正したり、先方の要望に応じて追記したりして、契約書をつくっていきます。そのため、契約書のひな形は、会社のビジネスの「土台」となる、非常に重要なものです。

まずは、現在使われている契約書のひな形の情報を集めましょう。契約書のひな形のデータがひとつのフォルダにきれいに整理されているといいのですが、そうとは限りません。例えば各事業部でそれぞれ使っているひな形を管理していたり、「ひな形」と呼べるようなものが存在しない場合もあります。

その場合、下図のように、法務で**「今使っている契約書にはどういうものがあるのか」「過去に使った契約書にはどういうものがあるか」をヒアリングしながら、一覧化**していきましょう。

▼ ひな形管理用の契約書一覧

種別	タイトル	用途	公開場所	社内データ保管場所
受注_契約書	○○○契約書	○○○を新しく購入する法人顧客向けの契約書	なし	営業部<契約書ひな形<○○○契約書ひな形
受注_申込書	△△△サービス申込書	△△△をHPから申し込む際に同意してもらう申込書	（サービスサイトのURL）	（社内クラウド等での保管先URL）
受注_利用規約	□□□利用規約	□□□を利用する個人顧客がHPから同意する利用規約	（サービスサイトのURL）	（社内クラウド等での保管先URL）
発注_契約書	業務委託契約書	業務委託を外注する際の契約書ひな形	なし	（社内クラウド等での保管先URL）
その他_NDA（秘密保持契約）	秘密保持契約書	案件の事前検討等の際に使う秘密保持契約書	なし	法務部<契約書<○△□契約書

「ひな形」とは呼んでいなくても多くのメンバーが使っているような契約書があれば、今後ひな形として整備したほうがよい可能性が高

いので、一覧に記入しておきます。一覧がつくれたら**「一覧をつくってみたので、抜け漏れがないか確認してほしい」**などと、各事業部に再度確認し、法務が把握できていない契約書がないかを聞いてみると、より精度が上がります。

契約書の数が多かったり、データの整理整頓ができていなかったりする場合、社内で誰も最新の契約書を把握しておらず、様々な異なるひな形や異なるバージョンを使用している場合もあります。そのような場合は、いくつかの契約書を見比べた上で最新版だと推測できるものを決め、表に記入していきます。

表ができたら、表に載っている契約書ひな形を一つひとつ精査することができるようになります。「自社の主力商品なのにひな形がない」場合や、「過去に締結した契約書をコピーして、毎回中身は見ずに社名だけ入れ替えて使っている」場合は、ひな形を新しくつくることから着手する必要があるかもしれません。法務として、どこから整備していくかを考えるためにも、ひな形の一覧をつくることは重要です。

◉更新したひな形の使用を徹底していく

ひな形を更新した際、一覧があることで、社内でのひな形使用の徹底が将来的に推進しやすくなります。今のひな形にリスクが潜んでいる場合、法務は契約書のひな形を更新しますが、更新したひな形が使われないと意味がありません。そのため、**「表に記載のある契約書を必ず使ってほしい」旨を周知**し、それ以外の契約書でレビューが来た際にも「再度その旨を伝えることで、まずは**「契約書がほしい時は一覧を見る」**という習慣を社内に浸透させることができます。そうしておけば、更新した際にも、すぐに新しいバージョンのひな形を社内で使用してもらうことができます。

◉契約書の理解が業務の判断を早くする

一覧ができたら、実際にそれぞれの契約書のひな形の内容を読んでおくことも重要です。詳しくは５章で説明しますが、今後、契約業務として顧客からの修正依頼に応じて個別の契約書の修正をしたり、契約書のひな形自体を更新したりする際に、今手元にあるひな形がやはり「土台」になるからです。

契約書の内容を理解すると、**各条項がなぜ存在しているのか、それらがケアしたいリスクが何かがわかり、個別の修正依頼についての判断が早くなります。**すべてのパーツを理解すれば、どこを取り替えてよいのかがすぐにわかるようになるので、一覧ができた後は、時間を取って読み込みを行なうことになります。

将来的には、ひな形の一覧と同様の方法で過去に締結した契約書の情報を収集し、過去の契約情報も一覧にした**「契約管理簿」**ができている状態を目指します。とはいえ、「ひとり法務」はリソースに限りがあるので、過去と未来のどちらを先にケアするかという判断になると、やはり未来の契約の土台となる「ひな形」から整備するのがよいのではないかと思います。一方で、担当者の退職が迫っており、過去の契約を把握できなくなってしまうリスクがあるような場合は、初期の時点で過去の契約についてもまとめて一覧をつくってしまったほうがよい場合もあるため、状況に応じて優先順位を判断しましょう。

登記簿謄本・定款・株主総会資料を確認しよう

一般に**「機関法務」**と呼ばれる、会社法まわりの情報についても、社内で情報収集しておく必要があります。そのため、ある程度仕事に慣れて時間をつくれるようになったら、**会社の登記簿・定款・過去の総会資料**についても、確認しておきましょう。

会社の登記簿謄本（正確には「履歴事項全部証明書」と言いますが、一般的に「登記簿謄本」と呼ばれることが多いです）は、法務局に行けば誰でも取得することができます。定款や株主総会の議事録は各会社で保管しておくものなので、会社の金庫や鍵付きのキャビネットにファイリングされて保管されている場合が多いです。場合によっては書類の束としてオフィスに置いてあって整理が必要であったり、電子署名による手続きを実施していて電子化されて保管している場合もあるかと思います。

資料が集められたら、まずは株主総会議事録を時系列に並べて、表に情報を書き起こします。特に、取締役や監査役等の役員は、次の株主総会で任期が満了し、再選の手続きなどが必要になる可能性もあるので、早めに確認しておきたいところです。その他の点についても、時間に余裕がある時に少しずつ掘り起こして、表に記載していくとよいでしょう。

ただし、ベンチャー企業などで資金調達を実施する予定がある場合は、「来週までに、過去の株主総会の書類を全部出してください」といった依頼が来る可能性が高いので、その時に慌てて対応しなくてよいよう、早めに整理しておくことをおすすめします。

▼書類保管場所一覧

日付	変更内容	必要書類	書類フォルダ
2023年5月1日	渋谷区から品川区に本店移転	株主総会議事録・定款等	オフィスキャビネット　重要書類_No.5
2022年12月1日	役員変更	株主総会議事録・就任承諾書等	オフィスキャビネット　重要書類_No.5
2022年5月1日	渋谷区の中で本店移転	取締役決定書（登記なし）	オフィスキャビネット　重要書類_No.4
2021年2月1日	設立	設立総会議事録・定款等	オフィスキャビネット　重要書類_No.1

しっかりとした一覧をつくるには、会社法の知識が必要になるので、あまり自信がない場合は無理せずに専門家に頼ることをおすすめします。これまで専任の法務がいなかった場合、登記申請を司法書士や弁護士の先生方に依頼していることが多く、そうすると、自社で押印した書類を登記のために一度弁護士や司法書士に預けることになるため、先生方の手元に登記書類の控えが一式残っていることがあります。そのような場合は、書類フォルダ項目以外を外部に依頼して埋めてもらった上で、社内でそれに対応する書類を探して、書類フォルダの項目を埋めるという順番でもよいでしょう。

もし社内で実施する場合は、つくった表を登記簿謄本と見比べることで精査していきます。登記簿謄本に書いてある過去の変更履歴とつくった表とを突き合わせることで、紛失している書類がないかなどをチェックしていきます。

◉会社の予定やフェーズに合わせて動く

また、今後資金調達を予定していたり、上場を目指している会社においては、株主間契約、投資契約書やサイドレターなどの投資関係の書類についても、早めに確認しておく必要があります。株主名簿と保管されている書類を確認することで、定款や登記簿謄本からは読み取れない、個別の株主との契約や、何か議題を上げる際の制約などを把握しておきましょう。

機関法務に関する情報は、契約書などのほかの書類と比べて日常業務では接することが少ないため後まわしにしがちですが、**毎年1回は必ず定時株主総会があるため、遅くともその時点までには情報収集が必要**になります。また、法務専任者を採用した背景に資金調達やM&Aなどの実施予定がある場合は、1年と待たずに臨時株主総会を開くために諸々の手続きを適切に実施する必要があります。会社の事情に合わせて優先度を判断するとよいでしょう。

なお、過去の書類が紛失している場合は、当時の手続きを担当した士業の先生に連絡を取ると、控えの写しを入手できる場合があります。また、どこにもデータがない場合、法務局で請求することで過去の資料を閲覧できる場合もあります。どちらの場合でも、紛失したタイミングから時間が経過すればするだけ探すのが難しくなってしまうので、特に将来上場を考えているような会社で自分が初めての法務専任者の場合は、入社後にまずは「どの程度書類をしっかりと保管できているか」を軽く確認し、紛失が多そうであれば早めに動き出すことをおすすめします。

　また、特に上場を予定していない会社でも、役員変更や本店移転が実施されているにもかかわらず登記が漏れている場合は、登記懈怠として過料が課される場合があるので要注意です。それだけでなく、取引先が登記簿謄本を確認した際に会社ホームページの記載と異なることに気づき、それが原因で企業としての体制に不信感を持たれる場合もあります。そのため、契約書の審査等の体制がある程度整えられたら、この機関法務についても確認しておきましょう。

商標・特許に関する情報を集めよう

会社が過去に取得している商標や特許等の知的財産に関する情報についても確認が必要です。特許・商標が取得できている場合は、**特許証や商標登録証が交付されている**ため、社内で資料を探してみましょう。

もし資料がない場合や資料紛失が不安な場合は、特許情報プラットフォームのサイト（https://www.j-platpat.inpit.go.jp/）で自社名を検索することで、過去の出願や登録済みの情報を見ることができます。多くの場合は、社名やサービス名などは商標登録されています。特許については、しっかりと取得している場合もあれば、何も取得していない場合もあるかと思います。

商標・特許については**「早い者勝ち」の制度**であるため、もし主要サービスの商標が取得できていなかったり、他社が取得している商標と類似したサービス名を使用していたりする場合は、早めに弁理士の先生に相談する必要があります。商標・特許等については、大きくは「法務」に括られることもありますが、専門性が高く細かい知識が必要な分野でもあるので、普段の法律業務以上に士業の先生にしっかりと確認しつつ業務を進めるのがよいでしょう。

また、商標・特許については権利を維持するために、定期的に費用がかかります。この**支払いが漏れてしまうと権利を維持できない**ため、過去の出願を一覧化して管理しておくことが必要です。これについては、エクセルで一覧化するのもよいですが、**特許（登録）料支払期限通知サービス**（https://www.rpa.jpo.go.jp/rpa-web/GP0101）という特許庁が提供しているサービスがあり、登録番号を入力すると期限前にメールで通知をしてもらえます。登録できる件数に上限があるのですが、さほど件数がない場合は、このサービスを利用することがおすすめです。あらかじめ管理しておくことで、更新料などが想定していないタイミングで急に必要になることも防ぐことができます。

私もそうだったのですが、知的財産関連の法律があまり得意ではない、経験がない場合は、どうしても商標・特許の確認が後まわしになってしまうかと思います。しかし、サービス名などの商標は他社に先に取得されてしまうと、その後他社との交渉が必要になったり、サービス名の変更を迫られたりする場合があります。また、他社が権利を有している特許を自社の商品で使用してしまった場合は、その後の仕様変更や特許使用の対応に想定外の時間とコストが割かれてしまいます。そのため、まずはザッと自社商標・特許を調べて、どのくらい過去に丁寧な管理がされているかを確認した上で、優先度を決めて対応するのがよいでしょう。

COLUMN

生成AIの登場と法務の野望

この原稿を書いている2023年下半期はChatGPT（Open AI社）が出現し、AIによる業務効率化が現実的になりはじめた時期です。実はChatGPTが流行り出した頃、社内で先にAIに質問して要点をまとめてから、法務相談に来てくれた方がいました。
これから利用したいサービスのウェブ上に公開している利用規約をAIに読み込ませ、ある程度あたりをつけてから、相談に来てくれたということで、少しでも法務の負担を減らそうとしてくれる気持ちはとてもありがたかったです。

その経緯を知りつつ、私もワクワクしながらAIがつくった文章を読んだのですが、残念ながら「できない」ことが「できる」に反転しており、完全な嘘の説明になっていました。今後のためにも、その事例を社内で紹介して注意喚起しつつ、ちょっとガッカリしたのを覚えています。もう少し適切に要約してくれたら、「ひとり法務」が「ひとり＋AI法務」に進化したかもしれないのに……。

しばらく経って、契約管理簿をつくるのにスプレッドシートで簡単なマクロを組みたくなった時、エンジニアの助言に従って一般的な計算式のつくり方をChatGPTに質問してみたところ、完璧な答えが返ってきて、すぐに数式を組むことができ、なんて便利なんだろうと感動しました。エンジニアの手を止めさせてまで質問するのは気が引ける部分もあるので、AIに聞けばやりたいことができるのは非常に便利です。

一方で、本業の法務では社外に出せない情報も多く、あの一件以来、契約書審査や法務調査等はAIに頼ることを諦めています。自分の仕事は楽にしたいけど、なんとなくAIに完全に仕事が奪われるのは怖い気もしており、だけど何とか「ひとり法務」のお助けツールとして育てられないか、密かに企む日々です。

3 章

会社の理解が
法務の
土台になる

会社の情報を集める理由

1章でも述べた通り、**法律の知識と事業・会社に関する知識は法務の仕事を行なう上で両輪**です。一方で「会社に関する知識を得よう」「会社を理解しよう」と言われても、どういう情報を集め、どういう使い方をするかについて、イメージがつかない方もいると思います。実は、「会社を理解するって、具体的には何すればいいの？」というのは、弁護士事務所から転職して初めて一般企業に勤めることになった弁護士さんからも、セミナーなどでよく聞かれる質問です。

法律については書籍やセミナーなどがあり、ある程度知識を習得する「型」のようなものがあるのですが、会社の理解についてはあまりそのような情報がないことも、イメージしづらい理由かもしれません。入社時の研修で軽く情報を仕入れた後は、手探りで仕事に対応している方も多いのではないでしょうか。また、研修で丁寧に教えてもらえたとしても、その後実際の業務でどういう形で活きてくるのかがわからないと、どの情報を優先的に確認すべきかがわからず、すぐに法務業務に役立てることができません。

一方で、今まで社内にいて法務に異動になった方は、ある程度会社について理解しているという自負があり、改めて情報を集める必要はないと感じるかもしれません。しかし「法務にどう活かすか」という視点で持っている情報を整理すると、実は足りない情報があるかもしれません。

私自身、法務業務でできること・やりたいことが増えるたびに、会社に関する理解で足りない部分があると感じ、再度情報収集をすることを繰り返してきました。振り返ってみると、最初に聞く時にまとめて確認しておけば、聞く相手の手間を取らせずに済んだと思うことも多くあります。

特に法務をはじめて間もない頃は、まわりの人がみんなとても忙しそうに見え、時間を割いてもらうことが心苦しかったり、繰り返し質問することで自分の評価が下がるのではないかという不安もあったりして、できるだけまとめて質問をしたいと思っていました。

そこで本章では、**“法務の仕事を実施するにあたり必要な”会社の理解とは、どういうことなのか**、そしてそれらの**情報の集め方やその際に必要な視点**について説明します。

ビジネスモデルを理解しよう

会社は、売り上げを出して利益を生まないと経営が成り立ちません。バックオフィスにいるとつい忘れてしまいがちですが、会社に直接的な利益を生まない法務の給料が支払われているのも、その他の部門が売り上げをつくっているからです。そのため、まずは会社がどうやって利益を得ているのか、自社の商材・サービスのビジネスモデルについて理解しましょう。

ビジネスモデルがわかって初めて、関係する法令がわかり、発生するリスクについて考えられるようになります。

例えば、法人向けの商品と一般消費者向けの商品ではそれぞれ関係する法律が違いますし、ビジネスモデルによっては許認可が必要であったり、一般的に「業法」と呼ばれるそのビジネス特有の規制があったりします。そのため、ビジネスモデルを知らないと、そもそもどの法律の勉強を優先すべきかが定まらないのです。

自社の商品のメイン顧客はどういう相手で、どういう商品やサービスをいくらで販売して、どの程度の利益を得る仕組みになっているのか。文字で書くと簡単ですが、実際に自社のビジネスモデルをしっかりと説明できるようになるためには、会社の各部署の動きや商品・サービスに対して理解する必要があります。

また、多くの場合社外に公開されている情報だけでは整理しきれないため、社内のメンバーにヒアリングなどをして情報を集める必要があるかと思います。

◉自社情報の集め方の順番

まずは、現在の自社製品・サービスの内容と顧客を理解しましょう。自社の製品・サービスはどういった特徴があるのか。競合他社にはどういう会社があり、それらとの差別化のポイントは何か。値段は競合や相場に比べて高いのか安いのか、どうしてその値段になっているのか。主な顧客ターゲットはどういう人で、なぜその層に自社のサービス・商品を購入してもらえるのか。

これらは、公開されている営業資料などからわかる部分もありますが、最終的には**営業やマーケティングの部署へのヒアリング**を実施し、実際の商談に同行させてもらうことで、曖昧な部分をなくしていくとよいでしょう。

次に、**将来的なビジネスの展望**について理解しましょう。短期・中期・長期で、それぞれどういった計画を立てていて、その計画を達成するために各事業部が目標にしている数字は何か。数年後にどの規模まで成長する見込みがあり、その根拠は何か。また、目標を達成するために、今事業部が抱えている課題は何か。

これらをすべて完璧に理解しようとすると、最終的には自社の「経営」について理解する必要があり、それなりに大変だと思います。しかし、「ひとり法務」の場合は**ひとりで会社を俯瞰する視点を持つ必要があるため、経営に近い目線の情報も業務で必要になりますので、**

頑張って集めましょう。

もし、いきなり事業部や経営層にヒアリングに行くのが難しい場合は、まずは**自社の出している求人情報を確認する**という方法がおすすめです。基本的には採用要項に業務内容や会社の紹介、採用の背景、候補者に期待することなどの記載があるため、求人を通してその職種の現状や課題が少し見えてきます。求人情報と同時に採用資料を載せている場合も増えており、改めて入社後に眺めることで、各事業部のポジションやサービスごとの特徴など、自分の業務に役立つ情報を得ることもできます。

私は現職では入社後に「自社サービスの商談を実際に受ける」という研修があったので、そこでどういった売り方をしているかを確認することができました。その後も新規事業をやっているメンバーのカレンダーをチェックしておいて、「法務がその場にいたほうがその後の法務検討が早い」という理由をつけて新サービスの検討会議に参加させてもらったり、Slack（ビジネス向けオンラインチャットツール）で特定の法律名で公開チャンネルを検索し、過去の議論を確認したり、飲み会の際に経営企画や営業のメンバーを捕まえて質問をしたり、機会をつくって少しずつ情報を集めていきました。

また、**過去に社内外でトラブルになった例や、よく顧客との交渉が発生する事例などがあれば、そのビジネスモデルが抱えるリスクとして一緒に把握する**とよいでしょう。

ビジネスモデルを理解しつつ、そのビジネスの「どういう部分にリスクが潜んでいそうか」「どういう法律が絡んで来そうか」という点も同時に注目できると、よりその後の業務がスムーズになります。

◉「新入社員に説明できる」くらいがひとつの目安

どのくらいの知識や理解が必要かについては、ひとつの目安として**「新入社員にビジネスモデルを説明できる」くらいの理解**があるとよいかと思います。どういうビジネスで、どういう顧客で、どういう利益が出るのか。そしてどこに課題があり、今後どういう展望なのか。それらを説明できるようになるためにいろいろな情報を集める中で、その後契約書の審査や法律相談を受ける際に、重視すべきポイントがわかります。

また、ビジネスがわかると、似たようなサービスや競合するサービスもわかるようになるので、**他社の情報を自分の仕事に活かすことができる**ようにもなります。

例えば、公開されている利用規約やプライバシーポリシーなどは自社でも参考にできる点があるかもしれませんし、そのようなサービスのニュースリリースを確認することで業界全体の動向についても知ることができます。

とはいえ、入社直後や異動直後に、人に声をかけてまわるのは勇気がいることです。そのため、まずは接する機会の多い人から声をかけたり、同期入社や同年代の人に声をかけたりして、着手しやすいところからはじめるのがよいかと思います。また必要に応じて、事業部メンバーが受ける研修に出たり、定例会議に出席したりすることで、関係性をつくりつつ情報を収集していく姿勢が重要です。

組織・社内ルールを理解しよう

自社がどうやって利益を生み出しているかを理解したら、次に組織や社内ルールについて情報収集しましょう。「ひとり法務」は、ひとりで会社全体のリスクの舵取りをすることになるため、社内のあらゆる部署に自ら対峙する必要があります。その際に、**社内にどういった部署があり、どういう人がいて、組織としての課題がどこにあるかについて知っておく**と、今後の業務がスムーズに進む場面もあります。

また、我々は法務人材である前に、ビジネスパーソンです。その会社で働くひとりの従業員として、自分たちを取り巻く環境について知っておきましょう。

まず、社内組織について理解しましょう。**各事業部がどういった組織図になっているか、それぞれのキーパーソンは誰か。どの部署にどのくらい人数がいるか**が把握できると、会社がビジネスで力を入れている部分も自然と見えてきます。

例えば、プロダクト開発に力を入れている会社であれば自ずとエンジニアの人数が多いでしょうし、営業活動に力を入れている会社であれば営業の人数が多いでしょう。

また、今後業務を進めるにあたり、「どの単位」で物事を進めたほうがよいかということも、組織を知るとわかります。

例えば、営業担当者に対して研修を行ないたい場合、サービスごとの部署にそれぞれ営業部・開発部・マーケティング部があるのか、それとも営業部の中にサービスごとに部署があるのかによって、前者の場合は同じような研修を複数回実施するか部署をまたいだ合同研修とする必要がありますし、後者の場合はまとめて部署で研修をすれば足りるということがわかります。

◉会社の価値観を把握しよう

さらに一歩進んで、組織としての「社風」や掲げている「ビジョン・経営理念」は何か、「よい」とされる行動はどういったものかを理解するとよいでしょう。

言うなれば、会社の「価値観」とその理由を知ることで、**価値観に合った行動を取りやすくなり、法務として会社での居場所を確保しやすくなります。**特に「ひとり法務」は大きな仕事をする場合、経営層や各事業部の責任者と直接話をする場面が出てくるので、その会社の価値観を理解し、それに沿った行動が取れるようにしておくことは**相手からの信頼を勝ち取る**ためにも重要になります。

例えば「粗くてもスピーディーに動く姿勢」を重視する会社では、いくら仕事が丁寧だとしても「ミスがなくなるまで丁寧にじっくり取り組む姿勢」は評価されない場合があります。また、コミュニケーションの方法も「大事なことは直接会って話すべき」という価値観もあれば、「非同期でコミュニケーションすることで相手の時間を奪わないようにするべき」という価値観もあるかと思います。「ビジョンやバリューなどの理解は大事だが、それらは二の次でまずは目の前の仕事をまわしてほしい」「そういったものは掲げない」というのも大事な価値観です。人事部や経営メンバー、仕事内容の近いメンバーに聞くことで、どういう行動が求められているかを把握しておきましょう。

◉管理部門のカルチャーを把握しよう

また、「法務だから」「管理部門だから」という別の視点でいるべき場面と、自社カルチャーに乗るべき場面の見極めも重要かと思います。そういった視点で、「会社のカルチャー」と別に「管理部門のカルチャー」についても知っておくとよいでしょう。

会社の規模にもよりますが、「ひとり法務」を最初に「よい」「普通」「微妙」と判断するのは、管理部（バックオフィス）の仲間であることが多く、事業部と意見が食い違った際に助けてくれるのも仲間です。会社によっては「全体としては粗く活動する分、管理部にはしっかりと手綱を引いてほしい」といった事情があることも考えられるので、それぞれのカルチャーについて把握しておきましょう。

◉社内のルールを把握しよう

次に、社内のルールについても把握しておきましょう。基本的には、**ルールには価値観が反映されていることが多くあります。**法務担当は規程を読めばある程度ルールがわかるかもしれませんが、できればその制定の目的などについても、人事や労務のメンバーに確認できるとよいでしょう。

例えば、過去に会社で大きなトラブルなどがあった場合、それを機にいろいろな社内規程等の整備が進んでいるといったこともあります。逆に、実は社労士の先生にもらったひな形をただ使っているだけで、あまり意図なくルールができている場合もあります。

また、実際にルールがどの程度社内で守られているかについても、社内チャットでのやり取り等を参考に見てみるとよいでしょう。法務で何かしらのルールをつくった際に、それがどの程度重要視してもらえるのか、研修を行なった際にどのくらい重要なものだと感じてもらえるのかなどがわかります。ルールがどこまで整備され、それがどの程度守られているのかということも、一種の会社の価値観の表われです。

その際に注意したいのは、**他部門の仕事を評価しないこと**です。事業部と違い、管理部と対峙する時はついつい自分のホームだと思い、油断してしまう気持ちはわかります。よかれと思って「前職ではこうやっていた」であったり、「他部署ではみんながこう言っていた」といった情報を伝えたくなる場面もあるかと思いますが、求められないのにいきなりフィードバックするのは避けましょう。

教えてくれるメンバーはその業務の専門家であり、業務時間を割いて自分のためにレクチャーをしてくれていることを忘れず、まずは感謝と尊敬の念を持って情報収集に努めましょう。

社内の協力を得られる「ひとり法務」になるために

会社への理解を深めるにあたり、経営や事業に関する必要な情報を得るには、社内の協力が欠かせません。また、会社に関する情報は一度収集して終わりではなく、状況に応じてアップデートしていく必要があるため、継続的に情報提供を受けられるような関係性づくりが必要です。

また、情報収集だけでなく、契約書のやり取りや事業の審査、社内研修等、法務の仕事は社内の協力なしには行なえないため、自分以外の人から信頼関係を獲得してく必要があります。

加えて、「ひとり法務」の場合、どうしても**「あなた個人へのイメージ＝法務部門へのイメージ」**となってしまいます。社内の協力を得る際には「法務に協力する」というよりは**「あなたの仕事に協力する」**という感覚を持たれることも多くあります。

自分個人の評価が業務のやりやすさに直結するというのは、少し怖さを感じる面もあるかもしれませんが、自分の行動に関係なく法務の評価が決まってしまうよりは、自分が誠実に動くことによって法務によいイメージを持ってもらえるほうが、やりがいもできるのではないでしょうか。

まずは業務において、**自分以外のメンバーを「顧客」だと思って接**

していくのがおすすめです。目の前の顧客を満足させるにはどうしたらよいかと考えて動くことで、信頼という対価を勝ち取るイメージです。顧客に対して礼儀のある態度で接し、顧客がやりたいことを丁寧にヒアリングして、ニーズにあったサービスを提供していく。文章にすると簡単ですが、やってみると意外と難しいかと思います。

もちろん、顧客だと思って接することは、何でも言うことを聞いてあげるという訳ではありません。顧客が「どうしてもこのビジネスがやりたい！」と言っても、それが明らかに法律に違反する場合、そこで譲歩することは顧客のためにはなりません。

顧客がやりたいことを、「現状の法律だとこの部分が違反する」「別の視点から見ると、こういうやり方に変えると問題なく実施できる」と**一緒になって考えてあげることが、真に顧客に寄り添う視点**かと思います。

◉社内でのコミュニケーションの注意点

法務業務に慣れてくると、いろいろな人に「これはできません」とダメ出しをすることで、自分が優れた立場にいると錯覚してしまい、「こんなこと質問して来ないでください」というような発言をしてしまう人もいます。

しかし、社外の顧客に対して、そのようなことは言わないはずです。「そんなこと言われるなら自分たちで直接顧問弁護士に相談したほうがマシ」だと思われないような行動を、普段のコミュニケーションから心がけていくとよいでしょう。もし、複数の法務担当者がいた場合でも「この人に相談しよう」と思われるようになりたいものです。

また、業務に直接関係しないコミュニケーションでも、信頼を得ていくことはできます。法務としてというよりは、「ひとりのビジネスパーソン」として、社内でいろいろな人と交流しておくことは、一種の「顧客への営業活動」です。

自分のことを知ってもらうことで、法務への信頼を獲得し、いざ何か厳しい指摘をする際に受け入れてもらいやすくする。話したことがある人を増やすことで、情報収集をしやすくする。法務は、法律に向き合う仕事ですが、**法律を使って満足させたい「顧客」は人間**なので、自分の仕事をスムーズにするためにも、社内での信頼を積み上げていくことが大切です。

他職種での経験を法務で活かす方法

会社を理解し、組織を理解する場面において、**他職種の経験が活きる場面は多くあります。**もしあなたが異動で「ひとり法務」になった場合、すでに社内での人間関係が構築されており、少なくとも前にいた部署の情報は持っているため、その時点でゼロからのスタートよりはアドバンテージがあります。また、自分が前に経験したことのある職種の人には、それだけで話のきっかけになったり、話しかけやすくなったりすることがあります。

私自身、法務以外にも営業、人事・採用を転職前に経験し、転職後に総務、情報システム、労務、広報、マーケティングなどを兼任できる範囲で経験させてもらいましたが、**すべての経験が今の業務に役立っていると感じています。**

一番役立っていることとしては、その職種の**「何がうれしくて、何が嫌か」ということが身にしみてわかり、顧客満足度を上げる方法を考え出すことができる**ということです。

例えば、営業時代には、自分の努力と関係ないところで、目標の数字を達成できないことが一番嫌でしたし、営業目標の達成が一番うれしいと思っていました。総務をしている時は、“誰でもできる仕事や雑用をしている人”という扱いを受けるのはつらく、逆に社員のみんなが自分の好きな業務に集中できる環境づくりを自分が支えていると感じることに喜びを見出していました。

専門性が足りず、兼任などが難しい職種については、飲み会の場や雑談の場で**「その仕事の醍醐味は何なのか」「一番アドレナリンが出る時はどういう場面か」「逆にどういう場面で仕事を辞めたくなるか」**という質問を、いろいろな人に聞いてまわるようにしています。

もちろん同じ職種でも人によって異なる点はありますが、「うれしい」と「嫌」が反転することはあまりありません。「営業だけど数字の未達成が一番うれしい」という人や、総務だけど「みんなが業務に集中できるのが嫌」な人はいないでしょう。そうすると、その職種の人の「うれしい」を加速するような仕事をし、「嫌」なことはしないようにすることで、相手のニーズに合ったサービスが提供できるという訳です。

もちろん、ヒアリング等で自分が経験したことのない職種にも応用は効きますが、一番解像度が高く理解できているのは、やはり過去に経験した職種に対してだと思います。

「社内メンバーを顧客だと思って営業しよう」という視点は、恐らく私が営業出身だから出てきた視点ですし、同様に「私をもっと信頼してもらうために、どういう振る舞いをしていくか」という視点は採用担当時の候補者に対する振る舞いから来ているものです。社内の理解だけでなく、「ひとり法務」として活動する場合でも、他職種で得た視点や経験は目の前の業務にも活かすことができます。ぜひ、あなたの過去の経験を、法務の仕事に役立てる方法を考えてみてください。

COLUMN

結婚式場の契約書を赤ペンでチェックするのはやめましょう

私は、法務職になった後に結婚をし、結婚式を挙げるために式場のホテルと契約したのですが、その際に結婚式場から受け取った契約書類に納得がいかず、赤ペンを取り出して読み込もうとし、慌てて新郎に止められたことがあります。

基本的には修正はできないだろうと思いつつも、結婚式に支払う金額が大きく、コロナ禍で違約金等のトラブルも話題になっていたので、「もしかしたら一部だけでも修正してもらえるかもしれない」「修正不可でもリスクだけは把握しておきたい」という職業病で、つい赤ペンを手に取ってしまいました。

結局持ち帰ってチェックしたものの、その式場でやるにはその契約にすべて同意するしかなかったので意味はなかったのですが、後で夫に聞いたら「この人と離婚したら法律関係で戦える気がしない」と思ったということで、別の意味で一定の牽制効果はあったのかもしれません。

ちょうどその頃、本業でも契約書のひな形の改定をやっていたので、つい他社の契約書を研究対象として深く調べたくなってしまいました。家で六法全書と基本書を広げて式場との契約書を読み込む花嫁……、破談にならなくて本当によかったと思っています（笑）。

プライベートな例をあげましたが、法律や契約は我々の日常生活に根づいているものなので、普段の生活で意識を向けると、また違った視点で勉強ができて面白いかもしれません。

4 章

法律知識を
インプットしよう

「法務」のために必要な法律知識とは何か

３章でも触れた通り、会社に関する知識と法律に関する知識は法務の両輪です。法務の業務においてはどちらの知識も不可欠であり、双方をより深く知ることにより、よりよい業務ができるようになります。

では、「法律に関する知識」とは具体的にどういった種類のものがあるでしょうか。大まかに分けると、**①問題を検知するための知識、②見つけた問題を解決するための知識**、この２種類の知識が、法務の業務では必要になります。

①問題を検知するための知識

契約書や新規事業の相談を受けて**「何が法的論点になるのか」を発見するために必要**なのが問題を検知するための知識です。法律はたくさんあり、世の中のすべての法律に対して詳しい人は弁護士の中にも存在しません。そのため、「ひとり法務」に限らず、法務はすべての業務を社内で完結させることをせず、適切に顧問弁護士など、社外の知見に頼って仕事を進めます。

特に「ひとり法務」においては、リソースが限られていることや社内でダブルチェックの体制などが取れないこともあり、**「適切に専門家に頼る」ことがスキルとして非常に重要**になってきます。

▼リスクの検知からはじまる

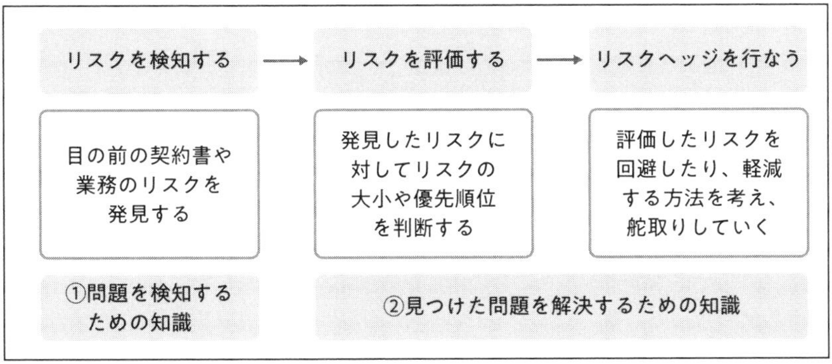
リスクを検知する
リスクを評価する
リスクヘッジを行なう
目の前の契約書や業務のリスクを発見する
発見したリスクに対してリスクの大小や優先順位を判断する
評価したリスクを回避したり、軽減する方法を考え、舵取りしていく
①問題を検知するための知識
②見つけた問題を解決するための知識

そのため、**まずは「どういうことが問題で、何を優先的に社外の専門家に相談すればよいか」の当たりをつけられるようになる必要**があります。法務の仕事はリスクの舵取りであるという話をしましたが、リスクの舵取りをするには、そもそものリスクを発見し、評価する必要があります。

「リスクの評価」は、場合によっては弁護士に相談して力を借りることができますが、「リスクの検知」については内部の人間にしか見えない部分もあり、**検知ができないリスクは放置されてしまう**ため、上司や先輩が抜け漏れを指摘してくれない「ひとり法務」においては、重要となります。

②見つけた問題を解決するための知識

2つ目の知識は、**リスクを評価しリスクをコントロールするための知識**です。①問題を検知するための知識からさらに発展して、**「見つけたリスクをどう舵取りするか」を判断する、または判断すべき人に判断材料を提供する**ための知識であり、さらに深い法律や判例等への理解が必要になります。

一般的な法務組織であれば、リスクを検知できる仕組みがある程度社内で整っているため、基本書などで②の知識を優先的に学習させることが多いかと思います。しかし、「ひとり法務」の場合はリスクの評価とリスクコントロールは顧問弁護士などに相談できることを前提として、**①の知識を先につけることをおすすめします。**

もう少しイメージしやすいように説明すると、例えば事業部から「新しいビジネスをはじめるが、〇〇法の規定にこの部分が引っかからないかレビューしてほしい」という依頼を受けたとしましょう。この場合、事業部が不安に思っている特定の部分について解決するには、②見つけた問題を解決するための知識が必要ですが、これは顧問弁護士への相談で解決する問題です。

一方で、事業部がそもそも想定していない、そのビジネスのほかの部分が法律に違反しないかについては、①問題を検知するための知識がないと見過ごしてしまいますし、もしあなたがその部分を顧問弁護士に相談しなければ、もしかしたらリスクが見落とされ、サービスが違法な状態ではじまってしまうかもしれません。

また、**「ひとり法務」として最初に成果を出しやすいのが、今まで誰も気づけなかった法的問題の検知**だということも、①の知識を先につけることをおすすめする理由です。

誰が見てもわかる怪しい点については、過去に顧問弁護士等に相談している場合が多く、何らかの手が打たれているものです。一方で

「誰も顧問弁護士に相談していない／相談が必要だと思っていない」問題は、法的な知識と事業知識を両輪で持っているからこそ“気づける”ものなので、そこで自分の存在意義と社内に法務がいることの意味を示すことができます。

◉ビジネススキルは法務の仕事の「大前提」

法務は「法律」に関する専門職ですが、それ以前にビジネスパーソンであるため、一般的なビジネススキルの獲得も重要です。

特に社会人経験がまだ浅い場合、事業知識や法律知識よりも先に一般的なビジネススキルの獲得を目指すべき場合もあります。ロジカルシンキングや適切なコミュニケーション術は、事業部や経営層と意思疎通を図る上で必要なスキルになるので、その部分についても法務の仕事の「大前提」となる知識として、忘れずに勉強していきましょう。

一般的なビジネススキルの獲得方法や自分の習得具合の確認については、社内で素直に相談することをおすすめします。事業部や経営層とのコミュニケーションも兼ねて、自分に足りない一般的なスキルについてフィードバックをもらったり、おすすめの勉強法などを聞いてみたりするのもよいでしょう。

また、「ひとり法務」は他職種から見ると、場合によっては**「専門性のない自分が迂闊にフィードバックをしないほうがよい」**と敬遠されがちな立場にあり、適切なフィードバックがもらえずに、伸ばすべきスキルがわからずに不安になることがあります。そのため、法務の専門性が必要のない分野については、自分から積極的に社内の人に頼ることで、土台となるビジネススキルを伸ばしていきましょう。

資格試験に飛びつかず、目の前の課題から学ぼう

では、実際に法務に必要な知識の勉強方法について考えてみましょう。法務の勉強方法は基本的に、**セミナーを受けるか、書籍を読んで学ぶかの二択**です。法務担当が複数いる場合はOJTなどで学ぶこともできますが、「ひとり法務」の場合はどうしても自分で頑張って情報にアクセスし、インプットをしていく必要があります。その際に気をつけていただきたいのが、**「資格試験に飛びつかない」**ことです。

法律に関しては検定・資格試験が様々あり、行政書士や司法書士等の国家資格もあるため、自信をつけるためにも、最初から何かの検定の勉強をしてみようと思う方もいるかと思います。実際に私も、「ひとり法務」の方から「勉強するとしたら何の資格がいいですか？」と、資格ありきで聞かれる場面が多くあります。しかし、基本的には資格試験の勉強に飛びつくことはおすすめしません。

その理由としては、資格試験の勉強は基礎的な知識を学ぶことや、モチベーション維持のためによい効果を発揮する一方で、**基礎力を鍛えるがゆえに目の前の業務にすぐに活きる知識が少なく、リソースに余裕のない「ひとり法務」には向かない**ためです。

多くの試験で勉強する科目には民法や会社法など、どの会社に行っても普遍的に使用される法律もありますが、実は実務において直近で

問題の検知が必要であったり、調査が困難であったりするのは「業法」と呼ばれる法律です。

◉「業法」を学ぶべき理由

業法とは、例えば、医師法、航空法、銀行法のように、特定のサービスを提供する事業者に対する規制を定めた法律のことを総称して指します。法律の資格では、業法が試験科目に出てくることは稀であり、法学部でも業法を必須科目として習うことはあまりありません。

そして、業法については**「そこにルールがあるかどうか」も勉強してみないとわからない分野**でもあります。具体的には「システムの中にメッセージ機能をつける」「アプリゲームの中で課金アイテムをつくる」「中古品を販売する」などの場合に、まずは「どういう業法が関係しそうか」から調べ、学習していく必要があるのです。

民法や会社法などは実務に定着しており、参考判例も多いため、解説している基本書や資格試験の対策セミナーも豊富にあります。そのため、情報を取捨選択する難しさはあるものの、事例に直面した際にも調べることで何とかキャッチアップをできる可能性が高いです。一方で、業法については、書籍が充実していなかったり、法令や行政のガイドラインを自分で読み解いたり、場合によっては行政に直接質問をしながら理解していく必要があります。

もちろん、基礎法学の勉強は非常に重要ですし、時間的に余裕があり、基礎から学べる方については民法や会社法などの知識を体系的に学ぶ方法が王道です。最初に回避したとしても、法務を極めていくためには絶対に必要になる知識ですので、基本的な法律の考え方を学んだり、法学部時代の知識が抜けないうちに復習したりすることは、むしろ業務の手助けとなり、よい学習だと思います。

一方で、資格試験に合格するための勉強には、どうしても業務の範疇から大きく外れた大量の暗記が必要になったりします。そのため、「ひとり法務」にはほかにも学ぶべき法律があるにもかかわらず、実務に直結しない学習に大きく時間を奪われてしまうリスクがあります。

とはいえ、学習のモチベーションや自身の定量的な成果として見せたいなどの理由で資格を受けたい場合は、**「ビジネス実務法務検定」**(東京商工会議所主催) からはじめてみるのがおすすめです。

実務でよく出てくるような場面や法令を題材にしており、基礎にも応用にも偏りすぎず、バランスのよい学習ができるでしょう。また、題材にされているテーマを勉強して「自社はどうなっているのだっけ?」と振り返ることで、実務に直結した学びを得ることができます。

◉目の前の課題を深掘りし、体系化していく

「目の前の課題から学ぶ」についてももう少し説明したいと思います。例えば、採用担当から「求人票ってこの項目で足りていますか?」と質問が来た場合に、「採用に関わる法律がわかる本」というようなタイトルの書籍を購入したとします。そうすると、求人票作成の注意点がわかりますが、そこから一歩踏み込んで、**根拠となる法律やガイドライン、管轄省庁のホームページを確認する**ことで、質問より少し広い「採用における法的注意点」の知識を得ることができます。

同様に、契約書審査で修正を希望された点についても、その条文が

なぜ必要なのかを調べていくと、「契約書審査」の書籍に辿り着きます。その際に、その条項についての解説を読むだけでなく、例えば「委任契約」や「売買契約」に関する章をひと通り読むことで、次回違う箇所に修正希望が来た場合でも、対応できるようになります。また、**一度経験した後に「契約書審査のセミナー」を受講する**と、ほかの契約上の注意点も合わせて実務に紐付けてインプットすることができます。

このように、社内からの質問や確認事項から、関連する法律知識を少し広めに学んでいくことを繰り返すと、穴あきのチーズのような状態になります。個別の論点と答えは知っているけど、知らない論点があったり、論点同士のつながりがわからなかったり、**「個別論点はわかっているけど、全体像がわかっていないのが不安」という状態になったら、次のステップに進む最適のタイミング**です。

そこで書籍を通読したり、関連する法律を別の書籍で深く学んだりすることで、目先の業務に必要な学習を超えて「法学」の勉強に違和感なくステップアップできます。さらに興味が出てきたら、論文や判例等も深く参照していくといいでしょう。

時間の限られている「ひとり法務」の学習術としては、このように**「目の前の業務から離れすぎず」「問題意識を持った部分を学び」「ある程度学んだら体系的に学ぶ」という方法が、一番おすすめ**です。

最近はリーガルテック企業による無料セミナーが各所で開かれていますし、弁護士が正確性を担保しているインターネットのサイトや、法律書のサブスクリプションサービスなどもあり、数年前に比べるとひとりでも勉強する環境は整ってきているかと思います。

書籍の選び方と使い分け

法務のインプットにおいて「書籍での学習」は重要です。もちろん、セミナーでの学習も有意義なのですが、開催のタイミングと自分の学習速度が必ずしも一致するとは限らないため、すぐに知りたい情報は書籍で探す場合が多いかと思います。そこで、この章では法務のキャッチアップに必要な書籍の選び方と読み方について紹介します。

まず、法務向けの書籍には、**①問題を検知するための知識に対応した書籍、②見つけた問題を解決するための知識に対応した書籍、③法務に関する仕事術に関する書籍**、この３種類があります。本書は③に属する書籍ですが、「ひとり法務」をはじめる際には①の書籍をメインに、③の書籍をたまに使うというのがよいでしょう。

まず使ってほしい①の書籍には「問い」と「答え」がセットで載っている点が特徴です。例えば「資金調達時に注意すべきポイント」「商品を値上げする際に注意すべきポイント」「株主総会を開催する際に注意すべきポイント」のように、自分が行なう業務に対応した部分を読めば、気をつけておくべきポイント（検知すべき問題）が何かがわかるような書籍です。

特に社内異動等で法務になった方は、最初「何を注意して見ればい

▼ 法務向け書籍の分類

書籍の種類	その書籍で得たい知識	適した書籍	具体例
①問題を検知するための書籍	契約書や新規事業を見て「何が法的問題なのか」を検知するための知識	会社規模や業界、契約形態ごとに頻出論点をまとめた書籍	『ベンチャー企業の法務AtoZ』（後藤勝也ほか 編集、中央経済社） 『実践!! 契約書審査の実務　改訂版』（出澤総合法律事務所 編集、学陽書房） 等
②見つけた問題を解決するための書籍	いわゆる「法の趣旨」等を理解し、発見した問題点に対して自分なりの仮説や見解や導くための知識	法律ごとの基本書や逐条解説の書籍（内容によっては資格試験向けの書籍も）	『株式会社法　第8版』（江頭憲治郎 著、有斐閣） 『民法Ⅲ 第4版 債権総論・担保物権』（内田 貴 著、東京大学出版会） 等
③法務に関する仕事術の書籍	業務フローを改善したり、自分の将来像を描いたりするための知識	法務担当者や弁護士の経験談やベストプラクティスなどが書いてある書籍	『法務の技法　第2版』（芦原一郎 著、中央経済社） 『強い企業法務部門のつくり方』（中村 豊、淵邊善彦 著、商事法務） 『希望の法務――法的三段論法を超えて』（明司雅宏 著、商事法務） 等

いのか」という勘所を手に入れるのに苦労する傾向にあります。そのため、例えば「契約審査」であったり「取締役会の議事録作成」であったり、**自分がこれから取り組む業務をピンポイントで解説している書籍を先に読んでから、業務に取りかかることで、リスクが潜みやすい点や注意して見るべき点がわかります。**理想を言えば、同様の書籍を何冊か読むことで、知識の偏りなく学習を進めることができます。

③の書籍は、法律知識というよりは法務の仕事術の書籍です。そのため、**事業部との接し方や業務効率の改善など、知識ではなく業務の運用や心の持ちように迷った際に、手に取ってみることをおすすめ**します。

「ひとり法務」の悩みとして、仕事上の悩みやモヤモヤを相談できる相手がいないということもあるかと思います。もちろん、社外で先輩やメンターを探すことでも解決するのですが、最初は社外に出て行くのもハードルが高く感じるでしょう。そこで、書籍から他社の法務がどういったことを考えて仕事をしているかについて学ぶことがおすすめです。

②の書籍は「法律書」や「基本書」などと呼ばれる、法学の中では「王道」の書籍です。法務に慣れてくると、「問い」と「答え」だけでは足りず、その答えのより深い根拠や、そもそも書籍に載っていないようなニッチな問題への対処が知りたくなります。その際に「法律がどういう考えでつくられ、どういう構成をしていて、判例ではどう判断されているのか」という法学の王道の知識を得るために使用する書籍です。

法学部出身者や弁護士は②の書籍での学習に慣れているため、熟練した法務におすすめ書籍を聞くと、②の書籍が返ってくることが多いのですが、あくまでそれらは自分で問題を検知し、**「問い」を立てられる人向けの書籍**なので、注意してください。基本書はいわば「論点の辞書」であり、辞書の引き方がわからない初学者が読むと、どこに何が書いてあるかがわからず、読むこと自体を挫折してしまいます。

例えば、会社法の基本書は「株主総会において招集通知に書くべき内容がこれで正しいのか」「誤っていた場合にどういうリスクがあるのか」を知りたい人にとっては有用な本ですが、「株主総会において何を注意すべきかわからない人」に対しては、どの章から読むべきかもわからず、かえって混乱してしまうと思います。そのため、初学者にはすべての論点に対して細かく解説されている基本書よりは、チェックリスト形式で論点だけかいつまんで書いてある本のほうが便利です。

そのため、①の書籍に「答えが書いていない」と感じることが増えたり、①の書籍に書いてあることが大筋つかめたりしたら、②の書籍に進むとよいでしょう。②の書籍については、実際に弁護士も業務のために読むような書籍なので、辞書的に引いて使うことでその場の回答を得ることもでき、通読することでその法律を体系的に理解することもでき、**使いこなすことで法務として一段レベルアップすることができます。**

書籍のインプットは「何がどこに書いてあるのかを把握する」ことを優先する

さて、自分に合った書籍を選んだところで、法務の書籍を一冊すべて読むのは至難の業です。法務が対峙する法律は多岐にわたるため同時にいくつかの法律を並行して扱いますが、一つひとつの法律を理解にするには膨大な量の勉強が必要になるため、**同時に複数の法律をキャッチアップする工夫**が必要です。そこでおすすめなのが**「目次を読むこと」**です。

書籍を購入した際にまずは「目次」をすべて読み、この本のどこに何が書いてあるかをインプットします。その上で、**「はじめに」と自分が知りたい論点のページだけを読み、どういう文体や難易度で書かれている本なのかを理解**し、自分がほしい答えに辿り着いたら、そこで本をいったん閉じるというものです。

その手順は下記の通りです。

①「目次」をとにかく頭に入れる

目次だけを何回も繰り返し読みます。その本で「何を調べられるのか」だけしっかり把握します。

②「はじめに」or「第１章」を読む

扱っている法律の全体像やその本で重点的に扱われているテーマ、

著者の問題意識をざっとインストールします。

③ 今、答えがほしい章や項目だけを読む

ほしい回答を探しつつ、記載されている情報や引用されている判例等がどの程度詳しく解説されているかを把握します。

この作業を通して、**「何に困った時に、この本のどこを読めば解決しそうか」という“あたり”をつけて、読書完了**です。「書籍を通読する」という習慣がある方には気持ち悪いと思うのですが、残念ながら初学者が1回通読しただけでは法務の内容をすべて理解することはできず、実際に質問が来た際や契約書のコメントが来た際に、通読していた本でも結局は再度「目次から探して→本を開いて→読んで→内容確認してから→回答する」ことになります。

そのため、「どの本に自分のほしい問いと答えが書いてあるか」「どの程度の答えが書いてあるか」をあらかじめインストールしておくことで、調査にかかる時間を短くすることができます。

もちろん、通読をしてはいけない訳ではなく、「自分の学習のために」通読することは価値のあることかと思います。ただ、「ひとり法務」の限られた時間で全部の本を読むのは難しいため、例外はありつつも、原則を「目次読み」にすることをおすすめします。

私も「ひとり法務」になってもうすぐ4年ほどになりますが、いまだに「書籍なしで100%自信を持って法的根拠込みで回答を出せる」レベルに達している論点は多くありませんし、そんな時でも念のため条文や書籍を確認します。

また、社外の法務の先輩方と交流して感じたのが、リスクの舵取りをする以上、**自分の記憶を過信せずに、すべての場合において「念のため」毎回書籍を確認して仕事をするほうが、法務としては一般的な仕事の方法**であるということです。

もちろん、経験に応じて「これは条文を引かなくても回答できる」論点も自然と増えていくのですが、「ひとり法務」でそれなりに業務をまわせるようになるまでは、必要なインプット量が多すぎて、全部の書籍を通読している時間はありません。

さらに、法律は定期的に改正が行なわれるため、ひとりで守備範囲を深く広く守り切ることは困難です。「質問が来た時に、自分の蓄えた知識で即回答する」方法ではなく、**「質問が来た時に、最短ルートで回答に辿り着く」方法を極めるほうが、結果として対応速度が速くなります。**

◉周辺知識も同時にインプットしておく

なお、書籍での勉強に慣れてきたら、書籍を読む際に、目的の部分の前後も読むことと、条文を毎回しっかりと参照することを意識してみてください。例えば、自分の調べたい点が「第２章　第３節」に書いてあることがわかったら、ついでに「第２章の最初から第３節まで」や「第２章すべて」を読むようにすることで、ピンポイントな知識を得つつも、周辺知識を手に入れることができます。

「一問一答」のような知識のつけ方をしてしまうと、少しでも問いが違うと答えがわからなくなってしまうので、書籍を参照する際には少し広めに読み、一度の参照で「ついでに」得られる知識を増やしていくとよいでしょう。

◉条文に慣れていこう

また、体系的に学習するのを後まわしにしている分、必ず何かしらの条文が出てきたら、条文を引くようにしましょう。**国が提供しているeGov（「イーガブ」。デジタル庁が運営する電子政府の総合窓口）の法令検索を使えば、無料ですべての条文を参照することができます。**法律に慣れていない人は特に「条文を読む」ということにいまいちピンとこないと思いますが、まずは**条文の言いまわしに慣れるためという目的で十分**なので、条文を引いて読むようにしましょう。

将来的に、法改正対応やニッチな業法の理解等のために、十分に説明された書籍のない法律を、条文を手がかりに読み解くような場面も出てくるでしょう。初学者のうちに条文にたくさん馴染んでおくことで、後の理解度が大きく変わってきます。引いた条文はあなたの仲間（知識）として蓄積され、今後の法務人生を支えてくれるので、RPGゲームで仲間を増やすような感覚で、ぜひいろいろな条文にも触れつつ書籍を読んでみてください。

知識をアウトプットすることで、さらに理解が深まる

業務で直面した課題をベースに学習し、たまに体系的に法学を勉強することで、法律知識のインプットが進んできたら、ぜひその知識をアウトプットしましょう。人に伝えることで自分の理解が深まります。

まず手はじめに、**社内で勉強会や研修を企画**してみましょう。法律の知識に馴染みのない人たちに、難解な法律をどう説明するかを考えることで、**自分自身が「腑に落ちていない」ポイントが明らかに**なり、再調査を繰り返すことで、どんどん自身の知識が深くなっていきます。

さらに、**研修後にアンケートなどでフィードバックを回収**すると、次の勉強会のテーマを決めることができたり、自分の説明についての改善点を知ることができたり、さらに自分の成長につながるでしょう。

企画する際、最初はテーマ選定に迷うと思いますが、まずは**「最近、自分が勉強したい」「勉強して理解したから誰かに話したい」ものからはじめる**とよいと思います。

最初は誰しもうまくできないものなので、まずはトライしてみることが重要です。業務に慣れてくると、業界特有の業法であったり、最近ニュースになった事例に関係する法律であったり、社内でよく質問を受ける点であったりと、テーマが絞りやすくなります。

また、**社外の交流会や勉強会に参加する**のもおすすめです。最近はリーガルテック各社による勉強会や対面での交流会も増えてきているので、講義形式の場合は、「何か自分の業務に絡めて質問しよう」と思って聞き、**できるだけ質問をすることで、自分の「何がわかっていないか」をアウトプットすることができます。**また、交流会の場ではぜひ法務の知り合いをつくりましょう。その場で**法律の勉強についての悩みを言語化して共有することも、大事なアウトプット**です。

◉SNSなどでアウトプットする際の注意点

最近は、SNSやブログなどで、勉強の成果をアウトプットすることもできます。社内や交流会と比べて、リアクションをもらえるようになるには時間がかかりますが、**自分が考えていることや勉強したことを「世の中に」出せる状態まで整理することで思考が整理されたり、誤った情報を出さないように調査を繰り返したりすることで、知識を深める**ことができます。

ひとつ、アウトプットにおいて気をつけたいのは、**社名を出してアウトプットをする場合の情報の取り扱い**です。会社名を出している場合、「最近こういう法律を勉強している」という内容を知られることで、会社の重要な情報が社外に出てしまうリスクがあります。例えば「○○法が1冊でわかる本」のような本を紹介していると、「新規事業で○○法が関わるようなものが出るのかな？」ということが推測されてしまう恐れがあります。そのため、社名つきで社外に出す情報には慎重になりましょう。

「ひとり法務」の情報収集術

「ひとり法務」の場合、法律に関する情報収集もひとりで担うことになるため、工夫が必要になります。法改正や、新しい判例や行政指導の実例、新しい書籍や評判のよいネットの記事などの情報を収集して活用するために、私が実際にやっている方法をいくつか紹介します。

① 法務の専門雑誌を読む

法務には**月刊で発行されている専門雑誌**があるので、それらを読むようにしています。すべてに目を通すことは難しいため、発刊予定の目次を見て2、3ヶ月に1冊程度、興味を持てそうな号を購入し、条文などを引かずにざっとすべてに目を通しています。予算とリソースの都合で毎月は読めていないのですが、今知っておくべき知識や、法改正の情報などが含まれているため、読んでみるとよいでしょう。

具体例：「ビジネス法務」（中央経済社)、「会社法務 A2Z」（第一法規)、「ジュリスト」（有斐閣）など

② 無料のメールマガジンを取る

出版社、法律事務所、リーガルテック企業等が出しているメールマガジンからも、情報を収集することができます。特に商事法務のメールマガジンはかなり情報が整理されており、書籍に限らず行政からの告示やパブリックコメントの募集等の情報も広く取り扱っているため、

おすすめです。また、**Googleアラートで自分が関係する業法を単語登録**しておくと、行政指導の例や法改正の審議会等の情報も自動で配信されるので、情報の収集が楽になります。

③ 企業法務に役立つホームページの閲覧

「企業法務ナビ」や「契約ウォッチ」など、企業法務に役立つホームページを参照することも、情報収集の一環として役に立ちます。サイトの見出しをざっと読むだけで最近の企業法務のトピックがわかり、興味のあるものについてはその内容を読むことで、より知識を得ることができます。特に、弁護士が名前を出して書いてある記事は、内容の信憑性が高い場合が多く、おすすめです。

④ SNSのチェック

弁護士や学者の先生、法務の先輩方がSNSで発信している情報も参考になります。特に、新しい判例に対する見解や、新刊の書籍への感想などは、「ひとり法務」が効率的にインプットを行なう上での近道を示す情報になり、非常に助かっています。また、法務の先輩方がどういうことに悩み、それをどう打開しているかを知ることで、社内ではひとりでも社外にはたくさん仲間がいることがわかり、勇気付けられます。

⑤ 法務のコミュニティ

最近は、**オンライン・オフラインそれぞれに法務のコミュニティ**もいくつか出てきました。私自身も、35歳以下で集まる「U-35若手法務交流会（わかほう）」を定期的に開催しています。ほかにも、「知財若手の会（チザワカ）」や「法務互助会」、企業法務向けコミュニティ

「りーぷら」など、精力的に活動しているコミュニティがあります。

また、リーガルテックのユーザーコミュニティの中で、情報交換が盛んに行なわれているものもあります。直近の法改正等の情報ではありませんが、例えば業務におけるちょっとした工夫や法務のキャリアなどの相談は、やはり、他社の法務の人とつながって情報交換をすることで得られるものなので、情報収集の一環として活用するとよいでしょう。

情報収集をする際に気をつけてほしいこととしては、**情報の真偽の見極めが重要**ということです。特にインターネット上の情報には誤っているものが多くあるため、「企業法務関連のサイトに載っていました」ということだけを根拠にせず、**必ず専門の書籍や官公庁のサイトで裏を取る**ことを心がけてください。たくさんの情報を入手できるようになることで、「ひとり法務」の方の不安が少しでも和らぐことを祈っています！

COLUMN

法務のアウトプットは難しい!?

私は「法務のいいださん」という名義でSNSやブログ記事を発信していますが、法務に関わる情報のアウトプットは本当に難しいと日々感じています。私自身は社名を公開してSNSなどをやっており、「ひとり法務」だということも公にしているので、不適切な発信をすると会社の信用にまで傷がつく恐れがあります。また、法務は知識が必要な職種であるがゆえに、誤った情報を世に出すことに敏感な職種でもあり、浅い認識や間違った理解で発言すると、炎上してしまったり、大きく業界で評判を下げてしまったりというリスクもあります。

一方で、やはりSNSでのつながりや発信が活きる場面もあります。私はいくつか勉強会をかけ持ちしているのですが、そこでご一緒しているメンバーは、すべて業務外のSNSやコミュニティで出会ったメンバーです。初めて会った人に対しても、ブログ記事が名刺の代わりのような役割をしてくれることにより、会話がスムーズに進むこともあります。何より、ブログを続けていたことで、このような執筆の機会もいただけたと思っています。

そのため、個人としては法務でSNSやアウトプットをして横のつながりをつくることをおすすめしたい一方で、「実生活にも影響が出てしまう」ことは、積極的にやらないことをおすすめしたいです。まずは匿名のアカウントで慎重に運用しつつ、運用に慣れてきたら親しい人には名前や所属企業を明かすほうが、安全だと思います。

そんなことをアドバイスしながらも、私はすでに社名も名前も出してしまっているので、今日も自分の投稿を事前に何回も読み返し、モノによっては数日寝かし、不安な場合は会社のPRの部署や家族に先に見てもらって、とても臆病にアウトプットを続けています。

5 章

契約業務に着手しよう

契約業務のはじめ方

契約業務のおおまかな流れとしては、はじめにベースとなる契約書の案があり、その各条項を「この内容であれば締結しても差し支えない」状態にして相手方に提案し、さらに相手方から修正依頼が来たものを、再度確認して提案することを繰り返し、相互に締結できる状態になったら、押印や電子署名により契約を締結するというものです。

契約の締結はそれ自体が目的ではなく、例えば契約締結後に何かしらのサービス提供が受けられたり、商品が販売できたりといった**「達成したい目的」があり、そのために契約を締結します。**そのため、認識齟齬のないように文章を作成し、取引のリスクを把握してリスクヘッジのために文章を追加していくと同時に、法務のこだわりやコミュニケーション不足によりビジネスが滞ることのないよう、スピード感を持って進めることが重要です。

とはいえ、「ひとり法務」の場合はリソースに限りがあるため、いきなりすべての契約を網羅的にチェックするのは難しく、**まずは自社の主要商品等の契約書や、会社にとってインパクトやリスクが高い契約からはじめ、次第にそれ以外の契約にも対応できるように段階を踏む**必要があります。

契約審査の観点としても、「取り返しのつかないリスク」「会社にとって致命的なリスク」をまずは押さえておき、その後「ビジネスをよりよい形で進めるため」や「万が一のことが起こった際でもカバーできる」といった観点も見られるようになるというように、段階を踏んでいくとよいかと思います。

実は法務として経験を積んでも、初見ですべての契約書を審査できるようにはなりません。その都度、契約の形態やリスクに応じて、書籍などで確認したり、顧問弁護士の先生に相談したりして進めるのが一般的です。

ひとりの場合、「本当に自分が検知したリスクだけで十分なのだろうか」「何か致命的な点を見落としているのではないか」という不安はどうしてもつきまとうため、書籍で調べた上でリスクの大きいものは専門家に依頼しつつ、最後は**「自分が入社する前には誰もチェックしていなかったから、それよりは前進している」**と腹を括ることが必要な場面もあるでしょう。

私自身、最初は法務未経験から「ひとり法務」になったので、書籍を見つつ不安な気持ちで仕事をしていました。現在、経験を積んで、初期の頃に自分でレビューした契約書を見返すと、改善的はたくさんありますが、その当時の努力のおかげで「致命的なミス」や「取り返しのつかないミス」を見つけることはほとんどありません。

もちろん、上達するための努力は必要ですが、まずは「ベターでもベストでもない、最低限取り返しがつかない部分（マスト）だけを押さえた」レビューを目指すことも、初期には必要な選択かと思います。

契約審査の流れ

契約書の審査においては、基本的には、法務に契約書作成の依頼が来た時点で、事業部と顧客の間で大まかな取引条件について合意している場合が多いでしょう。その上で、契約書案を片方が作成して提案し、細かい条件を双方で調整し、最後は締結に至るというのが契約業務のおおまかなフローです。

▼ 契約業務の流れ

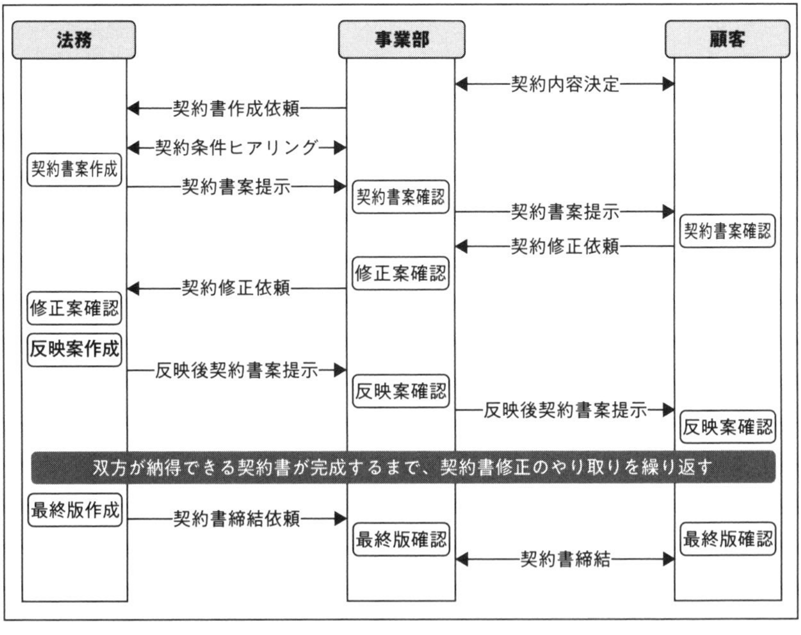

左ページの図では、自社で最初の契約案をつくっていますが、取引先の契約案を先に提案されて、それを自社で審査する場合もあります。

自社のひな形で提案できる場合、まずは「契約書作成」から業務がスタートします。この際、**白紙から契約書をつくることはほぼなく、社内の既存のひな形やひな形集の書籍の内容を参考に**、リスクの内容や取引金額によってはこの時点で弁護士への確認を挟みながら、まずは契約書案を作成します。

会社の存続に関わるような大きな契約や、自分が不慣れな分野の契約については、この「契約書作成」の作業から弁護士に依頼するほうがよい場合もあります。

◉自社から契約書を振り出せると審査が楽になる

基本的には、自社から契約書案を提案できるほうが、その後の審査が楽になる場合が多いです。自社に有利な条件を先に記載できるので、相手方が多少修正を加えてきても、大きく自社に不利になるような条件になりづらいからです。また、自社で作成することで、どの条項に何が書かれているかを事前に把握しているため、相手方から提案されたすべての条項に目を通すよりは、手間も時間もかからないことが多いかと思います。

一方で、あまり自社で例がない契約書の場合は、市販のひな形集などから類似契約書を探し、それを今回の取引条件に直し、不要な条項を削除し……、と自社で契約書案をつくること自体に手間がかかる場合もあります。

そういった場合、**先方がその契約に慣れているようであれば、先方**

のひな形をもらったほうが、その契約に一般的に入っている条項等が抜け漏れない状態の契約書の審査からスタートでき、自身の負担ややり取りの往復回数が結果として少なく済む場合もあります。

ただし、**基本的に契約書は「つくった側に有利に」書いてあるもの**なので、受け取った契約書の記載で自社が条件やリスクを受け入れられるかどうかについては、法務で細かく精査する必要があります。

いずれにしても、**どちらがひな形を先に振り出すかについては、現場での力関係や慣習によって決まり、営業や発注担当の部門が決めることが多い**ため、もし法務で希望があればあらかじめ表明しておく必要があります。例えば、「自社が受注するものはできる限り自社のひな形でお願いしたいが、自社が発注するものは先方のひな形をレビューする形でOK」や、「基本は先方のひな形でよいが、業務委託契約の発注の場合は絶対に自社のひな形を使ってほしい」といったルールを決めておき、社内にメールやSlackなどで周知したり、法務が実施する研修の際にお願いしたりします。

◉Wordなどを駆使して“文通”をする

前ページの図でもわかる通り、法務が顧客と直接やり取りを行なうのではなく、例えば「法務→営業→先方担当者→先方の法務」というように、**双方の窓口部署を介してやり取りを行なう**というのも契約業務の特徴です。先方の法務と自分は直接やり取りをせず、あくまで営業担当や事業部を介してWordなどのドキュメンテーションツールを使ってやり取りする**「文通」によって契約書を完成させる**必要があるため、慣れるまではそこで苦戦するケースもあります。

法務はWordなどの修正履歴とコメントを駆使して、自社の意思や修正希望の理由を文章で伝えます。もちろん、営業担当が契約書を戻す際に口頭で補足や説明をしてくれる場合もありますが、基本は「ドキュメントだけ」を渡されたとしても、意味が通じるように文章でコミュニケーションを取る必要があります。

同様に、先方の法務からもドキュメントに返信があるので、その書面上のやり取りで何とか双方が合意できる条件を探っていく必要があるのです。

そのため、契約業務を行なうためには、事業への理解と法律への理解が必要になり、文章だけですべてを伝え切れるような文章力が必要になり、かつ事業部のメンバーに協力を仰げる信頼関係が必要になります。契約締結業務ひとつとっても奥深いものです。

また、契約の場面において法務だけで判断できることは意外と少ないため、社内で決裁権のあるメンバーに対して「こういうリスクがあるけど、それでも進めて問題ないか？」ということを、的確に説明しつつ、細かに確認する必要があります。

契約書を
レビューしてみよう

では実際に、契約書をレビューしてみましょう。基本的には、契約を決めた時点である程度取引条件が決まっているはずなので、**まずはレビューの依頼者に対して契約の背景や条件などを詳しくヒアリングし、自分が業務の全体像をイメージできる状態になることが重要**です。

すぐにWordを開いたり、関連書籍を読みはじめたりせず、**その契約を通してビジネスで何を実現したいのかを理解しましょう。**その後、実現したい内容や発生し得るリスクを文章として落とし込み、先方から来た修正依頼に対しても「契約書に書かれていることが実行できるか」「この事業においてどの程度のリスクが取れるか」などの観点で、契約の依頼部門と一緒に考えていく必要があります。

例えば、「納品の期日を1週間早めてほしい」という依頼であれば、1週間早めたとして納品が間に合うのか、何かトラブルが起きた際の例外を定めておかなくていいのかなどを社内で確認する必要があります。また、「納品したものにヒビがあった場合には1個につき5000円を返金してほしい」という依頼であれば、どの程度の確率でヒビが入るのか、そしてその場合の返金金額は妥当なのか、返金以外の方法での補償する余地を残しておく必要はないのかといった観点から、このまま受け入れていいのか、よくない場合はどういった修正をする必要があるのかを考える必要があります。

極端にリスクが高い契約でも、会社にとってそれを上まわるメリットがあれば、契約を締結する場合もあります。そのため、**「リスクが高い＝締結できない」ではないことと、法務だけで契約の可否を判断できない場合があることを頭に置いておきましょう。**「リスクがあるから契約できません」ではなく**「こういうリスクがありますが、それでも契約しますか？」**という考え方で契約審査は進める必要があります。もちろん一定の場合には明確に法務でNGを出すこともありますが、最終的な判断が社内の法務以外のメンバーで行なわれる場合もあり、その場合は法律に詳しくないメンバーに、その契約に潜むリスクを理解してもらえるよう説明する必要があります。

企業によっては「法務でどこまで指摘するか」「どういったリスクが一般的にあるのか」「どの程度の譲歩までは法務で決めてよいのか」といった契約審査の基準が定まっていないこともあります。その場合、経営層に相談しつつ、過去の契約をどういった基準で判断していたか、社内で確認しましょう。その上で、いきなり完璧にレビューすることは目指さず、まずは**「過去の契約審査よりも質が下がらないこと」**を目指すのもひとつの方法です。

その後、自分で気になった点を調べたり、契約審査の本を読んだり、セミナーに出たりして得た情報を元に、過去の契約審査の基準を見直したり、個別の条項についての理解を深めたりすることで、どんどん審査の実務が上達していきます。

契約審査の過程で先方からの修正依頼が入った場合、そこを起点に学習するチャンスともなるので、ぜひその修正理由を考えたり、調べたりしてみてください。丁寧に修正のコメントを入れてくれている相手方の場合、例えば**自社のひな形が最近の法改正に対応していなかったことを、コメントから知る**といったこともあり得ます。また、「こちらを譲る分、こちらについてはどうしても修正してほしい」のように、**他社法務がリスクヘッジをどう実践するかについて知る**ことで、自分の次の契約審査にすぐに活かせるような生きたノウハウが手に入ることもあります。

◉リスクマネジメントを学ぼう

自社に不利な契約書なのに、ビジネス上その内容で締結したい場合は、そこで法務は諦めることしかできないのでしょうか。その点においては、**「リーガルリスクマネジメント」**という考え方があり、契約書でのリスクヘッジ以外に契約以外の場面でのリスクヘッジを考えることもできます。例えば、特定の情報を流出した場合に多額の賠償金が必要になるケースでは、契約上で賠償金の金額を下げることもリスクヘッジですが、特定の情報へのアクセス権限を社内システム上で厳しく制限してもらうこともリスクヘッジになります。

リスクの評価をし、リスクヘッジをする方法については、『攻めの法務　成長を叶える リーガルリスクマネジメントの教科書』（渡部友一郎　原作、大舞キリコ　イラスト　日本加除出版）がおすすめです。最近は「攻めの法務」という言葉が流行していますが、「契約可否」だけを判定する法務ではなく、**契約を可能にするためにどうリスクをケアするかを一緒に考えるような法務が求められています。**リスクマネジメントについても学ぶことで、よりビジネスに寄与するような提案ができるようになります。

契約書をレビューにまわしてもらうためのコツ

今まで法務が社内にいなかった会社の場合、そもそも法務に契約審査を依頼する習慣がなく、各部署が各々に裁量を持って、自由に契約を締結してしまっている場合もあります。その場合は、まず**「契約書を法務レビューにまわしてもらえるようになる」「法務が契約書を審査することを当然の流れとする」ところからスタート**する必要があり、契約審査自体よりもそちらに苦労する場合もあります。

契約書をなかなか審査にまわしてもらえない場合は、契約審査を法務にまわさない理由を考えたり、ヒアリングしたりしてみましょう。**残念ながら「法務が関係することで何らかのネガティブな要因がある」と捉えられていることがあります。**例えば、「法務を介することで契約に時間がかかるから」「前職で、法務にまわしたらこれくらい自分で読んできてほしいと怒られたから」といった理由です。

それ以外にも、「入社したばかりで忙しそうだから、審査をお願いしていいかわからなかった」「どうやって声をかけたらよいのかわからない」など、情報不足で法務に依頼してもらえないケースもあります。

もちろん、鶴の一声で管理部長や社長から「法務にちゃんと契約書をまわすように」と指示してもらったり、社内の決裁規程で法務チェックを必須にしたりといった方法で、しっかりとレビューにまわしてもらう方法もあります。その場合でも“嫌がりながらも従っている”メンバーに対してどうケアができるかは考えたほうがよいでしょう。「顧客が自分に依頼したくなるにはどうしたらいいか」を考えることで、自分の至らない点を知り、よりよいサービスを社内に提供することができるからです。

例えば、**スピードが理由で審査にまわしたくない**部署がある場合、何日以内で審査が終えられればストレスがないのか、契約書が間に合わないと業務に支障が大きい時期（例えば月末や決算期）があるのかを聞いておき、ほかの業務との優先度を調整し、特定の時期はほかのスケジュールをブロックしてあらかじめ時間を確保しておくといった対応ができます。また、一定の基準を定めておき、そこをクリアできれば、契約審査はパスできるといったルールを定めることもできるかもしれません。

また、**法務への依頼方法がわかりづらい**ことが原因である場合は、法務への依頼窓口をシステムとして整えたり、依頼する際のフォーマットをつくって簡単に依頼できる方法を示したり、事業部側の定例会に出席して情報収集をすることで「○○さん、そろそろ契約書必要じゃないですか？」と自分から声をかけるなどの対応ができます。営業事務の方に契約審査が必要である旨を説明しておき、対象の案件があったら法務に教えてもらうこともできるかもしれません。小さな工夫が契約審査をスムーズにし、法務に対する印象を変えることもあるため、ぜひ試してみてください。

契約書を管理しよう

契約書が定常的に審査にまわってきて、契約審査が安定して進められるようになってきたら、次は契約締結の納期管理と締結後の契約書の管理に着手しましょう。**契約書に関しては同時多発的にいろいろと依頼されるため、「いつ・誰から・何を受け取って・いつまでに・どうする」といった案件進捗の管理が必要**です。特に「ひとり法務」の場合、抜け漏れが出た際は自分でリカバリーする必要があるので、案件と納期の管理は非常に重要です。また、案件が増えてきた際には、性質の異なる契約書に優先度をつけて対応する必要があるため、まずは何らかの形で一覧化しましょう。

毎回自分でリストに起こすのが手間になる場合は、**契約審査依頼のフォームをつくって依頼時に入力してもらうようにしたり、Slackで依頼を受けるチャンネルを一本化して、そのチャンネルを見ればすべての契約書依頼が見えるようにしたりといった方法**があります。

抜け漏れが出づらく、今依頼されている内容がわかり、自分が見やすければまずは問題ありません。また、**やり取りの履歴が追えるようにしておく**と、今後法務を担当する２人目以降のメンバーが把握しやすかったり、数ヶ月後に似たような案件をやる際に当時のやり取りが探しやすくなったりするので、おすすめです。

◉納期の優先順位の考え方

契約書審査が立て込むと、どうしても全部の希望納期を叶えることが難しくなり、かつ法務だけでは優先度の判断ができない場面が出てきます。そうなった際に、**案件が一覧になっているものがあれば、それを見せつつ事業部に相談に行ったり、今後依頼をする人に「納期を長めに見てほしい」と依頼したりすることができます。**私自身も、どうしても忙しい場合は今持っている契約書を一覧にして開示し、順番に割り込む場合は先に担当者同士で話をつけてもらっています。

まずは契約審査を依頼された際に希望納期を聞き、そこが無理なく叶うのであれば問題ありません。そこで納期に間に合わない場合には優先度を調整する必要が出てきますが、希望納期と実際に絶対に必要な納期が別にある場合もあるので、まずは依頼者と納期を調整します。

その上で、絶対に必要な納期にも今の状況では難しい場合、ほかの案件との調整を依頼します。法務内では納期が早いもの、売り上げに関わるもの、契約後の後工程に時間がかかるもの、会社の経営インパクトが出るもの、契約書の審査自体に時間がかかりそうなものなどのバランスを見て、優先順位を決めるとよいでしょう。

納期については、少し余力を持っておくことも「ひとり法務」においては重要です。例えば、急な割り込みの契約書が来る可能性もありますし、突然行政から短納期の調査票が届いたり、法務対応が必要な苦情や警告書や訴状が届いたりすると、「ひとり法務」の仕事が急に立て込み、契約審査をゆっくりやっている余裕がなくなります。

そのため、**1、2営業日は少なくとも余裕を持っておくこと**をおすすめします。実際に早めに契約書レビューが済んだ場合には、その分早く事業部に戻せば問題ないですし、**「何もなければお願いしていた納期より少し早めに戻してもらえる」「トラブルがあっても、納期は守られる」といった信頼関係を事業部と築く**ことで、お互いにスケジュールが読める状態で仕事を進めることができます。

◉契約書の管理方法

また、契約を締結した後は、その契約書を管理する必要があります。どの会社とどういう条件で契約し、契約終了はいつか。そして、契約書はどこに保管されているのか。いわゆる**「契約管理簿」**を作成して管理する必要があります。取引先の企業名、契約期間、契約の終了日、自動更新の有無、契約書原本の箇所などを、契約締結時にリスト化するとよいでしょう。

▼契約管理簿

契約内容	取引相手	契約日	契約終了日	自動更新の有無	契約書保管場所
デザイン制作の業務委託	ABC 株式会社	2023/4/1	2024/3/31	あり／1年	オフィスキャビネット No.15
備品の購入	DEF 株式会社	2023/5/1	2023/5/31	なし	社内クラウドの URL

自社が発注する場合と受注する場合は管理簿を分けたほうが見やすいでしょう。また、製品別や発注内容別にシートを変える、経理と連携して通しの番号を振るといった対応をするなど、自社の契約の種類や管理したい内容によって工夫してみてください。受注分については**事業部にて管理している顧客リストがすでにある**こともあります。既

存のリストや営業管理のシステムがあれば、そこに法務が情報を追加させてもらうだけで足りる場合もあるので、一度作成する前に、契約管理についても各事業部に確認することがおすすめです。

◉過去の契約を洗い出そう

今後の新規契約を管理する方法を決めたら、過去の契約で効力が続いているものも、オフィスのキャビネットや契約の履歴から探して追加するとよいでしょう。なお、契約書の紛失やそもそも契約書が存在していない取引がある可能性もあります。そのような契約書を洗い出すには、請求書が届いている社名を経理から教えてもらい、そこに対応する契約書を探したり、一度管理簿をつくった上で「ほかに検知している取引先はないか」と事業部に聞いてまわったりする方法が有効です。

一覧化することで、契約終了しているのに取引が続いていたり、何も依頼していないのに契約だけが続いていたり、意図せず自動更新されているようなものが見つかることもあるかもしれません。場合によっては、過去の契約を一度終了し、新たな契約条件にしたいような契約書も見つかるでしょう。そのような場合は、優先度をつけてそれぞれの取引や契約を整理していく必要があります。

管理簿をつくり、過去の案件も埋めていくのはかなり体力のいる作業ですが、今後法務のメンバーが増えていく際に、過去の契約が一覧になり、今後もずっと蓄積されていく仕組みが整っていることは、必ず会社の財産になります。

また、入社してから自分が扱った契約件数が数えられる状態になっていることで、自信にもつながります。未来の自分と会社を助けるために、最初は大変ですが頑張ってみてください。

◉「ひとり法務」の契約管理のコツ

最近は契約審査のリーガルテックツールや電子署名のツールに、契約管理簿や契約の受付から締結まで一貫したワークフローが付属しているようなケースもあります。また、契約管理に特化したようなツールもあります。法務のフローを自分でつくることに不安がある場合は、そのようなツールに沿って運用を組み立てるのもひとつの策かと思います。

一方で、ひとりしかいないのに、あまりに入り組んだフローや項目の多すぎる管理簿をつくってしまうと、本来の「リスクの舵取りをする」という仕事に時間を割けなくなる場合もあるため、運用にかかる時間と管理したい情報のバランスを考えて管理や運用フローを決めるようにしましょう。

契約書のひな形を見直そう

契約書の審査に慣れてくると、修正希望がよく入る箇所がわかってきたり、他社のひな形をいくつか見て、自社のひな形にだけ入っていない条項が気になったりと、自社のひな形に気になる点が出てきます。

また法務の気づきが起点となるだけでなく、事業部からサービスを変更したいという要望があったり、法改正に対応する必要があったりという理由で、**契約書のひな形を見直して更新する必要**が出てきます。

更新作業のためには、まず**現在の契約内容や取引条件を理解し、サービスの内容を理解し、現在または今後はじめるサービス・商品と今の契約内容の差分を理解する必要**があります。そのため、契約書ひな形の変更に着手できるようになれば、法務としてひとつステップアップしたと思っていいでしょう。

更新作業の前に知っておきたいこととしては、その**更新の影響がどこまで及ぶか**ということです。

例えば、契約書に双方が押印する場合、一般的には契約書のひな形を変更しても、すでに締結した契約について、それだけで影響することはありません。もちろん、変更後の内容が適切な内容になっているかは気にする必要はありますが、今後新たに契約する場合の契約交渉のスタート地点が変わるだけで、過去の契約には影響を及ぼしません。

一方で、**利用規約のように、相手方が「同意する／しない」を選ぶような契約の場合は、今回変更した内容が、過去に契約した顧客にも及ぶケースがあります。**スマホのアプリなどがイメージしやすいかと思いますが、サービスの使用を継続することで新しい利用規約に同意したことになり、同意したくなければサービスから退会してもらうような場合です。皆さんも「来月から利用規約を変更します」のようなメールを受け取ったり、同意しないと次の画面に進めないアプリを利用したことがあるのではないでしょうか？

▼ 契約書のタイプと影響の範囲

契約書のタイプ	契約交渉	修正後の影響範囲	変更方法
契約書型	同意できる状態になるまで交渉が可能	一般的には、今後新たに契約するもののみに影響	新しいひな形をつくって、社内周知すれば変更可能
利用規約型	基本的には交渉不可能／同意できない場合は契約不可	一般的には、過去に締結した契約にも影響	一定期間前に顧客に通知してから変更

そのため、利用規約型の契約の場合は、顧客に変更後の情報を通知することで、「利用規約の変更を理由に退会する」といった判断をされる恐れがあり、通常の契約書よりも影響範囲が広くなる傾向にあります。また、詳しくは触れませんが、消費者契約法や民法に定めがあり、法律で事前通知の必要性が定められていたり、一方的に顧客に不利な条件への変更について制限されていたりするため、変更内容の決

定や変更の手順についても、より慎重に行なう必要があります。

◉変更の進め方

実際の変更の手順は、変更内容を固めて、**関係する事業部に確認し、必要に応じて顧問の先生に確認してもらい、社内と顧客に周知した上で、ドキュメントを新しいものに差し替える**という流れで行ないます。変更した結果、条文同士が矛盾してしまったり、相互の参照がおかしくなったりしないよう、慣れるまでは顧客に伝える前に顧問弁護士のレビューを受けておいたほうが安心です。

また、プライバシーポリシーなどの個人情報に関する同意については、単に変更して通知するだけでは足りず、再度「同意」ボタンを押すなどのアクションが必要になる場合があります。そのため、利用規約の変更内容と同時に、変更の通知方法などの手順についても合わせて顧問の先生に確認するのがよいでしょう。

書籍で一般的な契約書のつくり方・利用規約のつくり方を勉強することも重要ですが、それを踏まえて自社の契約書や利用規約にどのような条項を追加すべきか、どういった言いまわしが適切なのかなどは、顧問の先生のレビューを通して個別具体的に学んでいくことも重要です。

変更を実施する際には、必ずその**履歴を社内に文書で残しておきましょう。**変更後は「変更内容を教えてほしい」という問い合わせがよく来るため、変更部分を事業部に説明しつつ、**事業部が顧客に質問された時に参照すれば自分たちで回答ができるようなドキュメントを残しておく**ことをおすすめします。

顧客が一度契約終了して数年後に再度契約をする場合に、**「以前のひな形と今のひな形は何が違うのか？」**といった質問をいただくことがよくあります。その際に、履歴が残っていないと、過去のひな形を探し出して変更理由を一から確認する必要があります。「ひとり法務」の場合、自分で変更作業をしているので記憶には残っているものの、やはり時間が経つと忘れていく部分もありますし、何より複数回の変更の履歴等を後から掘り起こすのは非常に大変で時間もかかります。

また、メンバーが増えた際に「なぜ変えたのか」の部分が知見として残っていないと、次の担当者が「自分の会社の利用規約なのに、なぜ変えたかがわからない」といった状態で謎解きをするしかなくなり、非常につらい思いをしてしまいます。実際に私も「ひとり法務」になってしばらくした後、前回の利用規約変更を担当した方が転職してしまっていたため、過去の変更経緯がわからずに顧問の先生に確認したり、過去に顧客に通知したメール文を社内で探しまわったりしたことがあります。そのため、**「いつ・どういった目的で・どういう文言に直したのか」の履歴はできるだけ残しておきましょう。**

リーガルテックツールの選び方・付き合い方

最近は取引先の審査、契約審査、契約書管理、電子契約、書籍の検索、法令調査の補助など、様々なリーガルテックツールが登場しています。電子契約ができることで押印して郵送する手間がなくなり、書籍や判例のデータベースが使えることで調査の時間が短縮でき、管理ツールがあることで契約管理簿を一行ずつ入力する手間が省けるなどといった形で、リソースに限りのある「ひとり法務」にとってリーガルテックは強力な助っ人です。私自身もいくつかのツールに助けられています。

「ひとり法務」はリソースに限りがあるため、そのようなツールを活用したくなる場面もあるかと思います。その際に気をつけたいのは、**「課題に応じたツールを導入すること」**です。一見当然ですが、**実は意外と難しい**ことなのです。

契約書の変更履歴を残しておきたいだけなのに、各社のツールを見比べるうちに「AIが審査してくれるなら楽になる！」「契約管理もついでにできれば便利だ！」と目移りし、気づけば課題感がない業務についてもカバーできる高価なツールを検討してしまったり、他社の法務の人がすすめるのを聞いてツール導入を検討したが、冷静になってみると自社では年に数えるほどしか利用場面がないツールだったり、といった経験が私にもあります。

ツール導入の際には、そのツールで解決したい課題をまずはしっかりと把握し、ツール導入以外の方法も含めて検討してから、複数の製品を比べた上で、課題に応じたものを導入することが重要です。

意外と**「このツールを使って何を得たいのか」**という部分が難しかったりするので、他社の法務の方に話を聞き、「理想の業務フロー」を自分で書籍などを読みつつ考えてみて、**「目的」を定めてから「手段」を決める**と、誤った判断をすることが少ないかと思います。

また、本来は「法務業務のこの部分を改善する」という目的が先にあるはずが、「法務でDXをするぞ！」とツール導入自体が目的になってしまうと、導入後に「結局何が変われば成功なんだっけ？」と成果が測れずに終わってしまうので、特に注意が必要です。

法務は間接部門なので、直接売り上げを上げません。そのため、「ツールを導入しました！」という成果だけでは「ブランドもののバックを買いました！」というのと同じで、単なる消費になってしまいます。そうではなく、**「こういった目的でツールを導入し、その結果目的がこの程度達成されました」といった成果測定・振り返りができるようにする**ことが大切です。そうすれば、頑張って事業部が稼いでくれたお金を、事業が前に進むための「先行投資」になるようなお金の使い方ができますし、社内からの理解も得られやすいのではないかと思います。

◉AIに仕事を奪われない法務になるために

また、最近、若手の法務の方から「AIが契約書を審査できるようになったら、法務部員は仕事がなくなるのではないか？」「AIに仕事を奪われないためにはどうすべきか」といった不安の声を聞くことも増えてきました。

このような不安は、「AI等のツールで契約書審査を楽にする」というタイプの**リーガルテックに対して、自分の仕事が機械に代替されてしまうイメージ**を抱いてしまうことが原因ではないかと思っています。

私自身は所属している会社がAIを活用したプロダクトを提供していることもあり、AIを活用することやツールを使うことに抵抗感はありません。一方で、特に契約書審査・レビューのリーガルテックについては非常に便利なので、知らず知らずの間に**「このシステムがないと、仕事ができない人」になってしまわない**よう、うまく付き合う必要があると思っています。

そのため、実際に利用する際には、**「考えることまで放棄しないこと」**を心がけています。具体的には、**「AIが正しい修正をしているのか」を自分で確認できる状態であり続ける**ように、自分の頭を使って考えるということです。

契約書審査にツールを使う際には、表現の揺れの修正や差分比較など「人間がやるよりAIがやったほうが早くて正確なもの」と、契約書の内容の審査やリスク提示など「AIがデータを集めて知見を示すが、AIの提案を受け入れるかどうかは人間が判断すべきもの」があると思っています。

後者の場合に、特に不慣れな契約類型や疲れている場合などは「弁護士さんがつくったAIが言うからには、全部正しいんじゃないか」と思いたくなる場面もあります。しかし、そこで流されずに「なぜこのシステムはこの修正を提案しているのか」「この修正を反映することで、どういった影響があるのか」については自分で調べ、責任を持って大丈夫だと言える状態になってから提案を受け入れるようにしています。

AIが提案している内容に何も考えずに流され続けていると、それこそ“AIでもできる仕事をやる人”になってしまうので、AIの部下になるのではなく、**自分がAIを部下として使う**のが大事なのではないかと思います。

ツールに依存せず、**自分の手と頭を使って考えた上で情報を取捨選択できる法務であるために**、とても面倒ですが今日も書籍と六法を手に取り、自分の頭の中に知識と経験を蓄え続けることが重要なのだと信じて勉強しています。

COLUMN

法務なら絶対に盛り上がる!?
契約書コメントの話

「ひとり法務」をやっていると、他社の法務の人と会う時にどういう話題が盛り上がるか、たまに飲み会の前に電車の中で不安になったりします。同じ仕事なので、打ち解ければ盛り上がる話題は絶対にあるはずなのですが、最初のとっかかりが難しかったりします。

そんな中、「社内用のコメントを社外に持ち出されてしまった」という話は(一般企業ではなく)、法律事務所に勤務している弁護士さんも含めて、大いに盛り上がりました。

法務では社内用に Word に「【社内限】一度修正依頼をして、先方が難しいようなら原案のままでも対応可能です」といったコメントをつけ、それを事業部の担当者が読んで確認し「消してから」先方に送ってもらいたいのですが、それを消さずに送られてしまうという事故が残念ながらあるあるネタなのです。

悲しいことにそのコメントの当事者は、「社内限」のコメントに「こちら難しいので原案通りでお願いします」のような先方法務からのコメントがついて戻ってくることで、相手担当者と相手法務にもコメントを読まれてしまったことを知ります。

受け取った Word に社内コメントが残っていると、相手の法務担当の無念に思いを馳せ、この後社内コメントを社外に出したことを法務から怒られる担当者に思いを馳せて、なぜかそっと合掌したくなりつつも、またひとり共通の話題を持つ法務の友人が増えてしまったなと微笑んでしまいます。

6 章

社内の法務相談に乗ろう

社内の法律相談にはフェーズがある

法律相談とは、経営や事業の過程で生じるリスクの対応について、法律の専門家として相談を受ける業務のことです。一般的な流れとしては、**相談を受け、調査し、結果を提示し、場合によっては一緒にリスクの低減策を考える**こともあります。

例えば、新規事業をはじめる際に守らないといけないルールはないか。事前に必要な免許や許認可はないか。株主総会や取締役会に事前に諮るべき内容ではないか。これらの必要事項を相談者からヒアリングした上で、法務が調査・判断し、リスクの舵取りを行ないます。

法律相談は問題の種類もそれぞれであり、例えば「商品広告に『No.1』と記載してよいのか？」といった**目の前の問題**から、「数年後の海外展開を見据えてこの事業を整備したい」といった**将来的な問題**もあります。また、**これから発生する問題を事前に防ぐための相談**もあれば、「誤って顧客情報を流出させてしまったけどどうしたらよいか」のような、**すでに発生している問題の対処**について相談が来る場合もあります。

そのため、それらにひとりで優先順位をつけ、書籍などで調査をし、場合によっては、社外の専門家に頼り、社内メンバーが理解できる形にアウトプットするという、なかなかハードな業務になります。自社のビジネスへの理解や関係する法令の知識も必要になる、まるで**「法務の総合格闘技」**のような業務です。

そのため、最初はハードルが高く感じる方も多いと思います。しかし、リスクの舵取りという役割を果たすためには、避けて通れない重要な業務でもあります。

社内で法務の存在感が示せてくると、自然と法務相談が増えはじめます。特に今まで法務がいなかった会社の場合は、「リスクがある」と判断したものだけを外部弁護士の先生に相談していることが多いため、社内に法務の人がいて、気軽に相談できるという環境は、リスクの舵取りがしやすくなるという点でよいことです。

◉相談してもらえる環境をつくる

一方で、単に法務として入社し、**来た質問に回答しているだけでは、十分なリスクの舵取りができているとは言えません。**「ひとり法務」が忙しそうに見えることで遠慮される場合や、実は法務に相談したいけど躊躇しているような場合や、法務への「頼り方」がわからないという場合もあるかもしれません。ほかにも、事業部の中で「これは法務に相談するまでもない」とフィルタリングされて、舵取りが必要なリスクが、社内に潜んだままになっている可能性もあります。

リスクの舵取りをするためには、「質問してほしい論点を質問してもらえる」環境を整えていく必要がありますが、いきなりその状況に達することは難しいので、まずは**「法務に何でも質問が来る」という状態を目指す**必要があります。すべての質問が来ることで一時的に法務が忙しくなってしまうのですが、**各事業部から届いた質問をトリア**

ージ（優先順位付け）して、判断が容易なものは判断基準をマニュアル化して、事業側で最終的に判断できる状態にしていくことで、最終的には「法務に質問してほしい論点を質問してもらえる」という状態を目指していきます。

▼ **相談業務の改善フェーズ**

法務に必要な質問が来ないフェーズ	原因	法務を信用していない、法務への頼り方がわからない、相談すべき事項だと認識していない、法務が忙しそうで遠慮しているなど。
	対応	社内からの信頼を獲得する、法務のスタンスややりたいことを社内に伝える。
法務に何でも質問が来て大変になるフェーズ	原因	会社全体で、リスクに対するトリアージができていない、リスクに対する判断軸が法務にしかない。
	対応	届いた質問をトリアージし、各部署が判断できるようなマニュアル類を整備する。
法務に適切な質問が来て法務相談が円滑にまわるフェーズ	対応	定期的にマニュアル類を見直す、法務に届いていないリスクがないかの点検を行なう。

なお、複数法務からほかのメンバーの退職などで「ひとり法務」になった場合には、最初からひとりで対応できない量の法務相談が来てしまうこともあるでしょう。そのような場合は、質問を集めるフェーズを経ずに、すでに届いた質問をトリアージすることからはじめましょう。場合によっては、トリアージの基準を今までと変えて、法務で受ける相談の範囲を一時的に絞り、採用ができるまでは次のフェーズに行かないという判断をする必要があります。

法務への「頼り方」を浸透させよう

法務に必要な質問が来ないフェーズにおいては、まずは「どんなことでもよいから法務に一度相談してみてほしい」というスタンスで質問を集めることが大切です。法務としては、「法的リスクに関することを法務に相談してほしい」という気持ちだと思いますが、**法務以外のメンバーは「何がリスクなのか」「何が法律に関する問題なのか」を判断するのが困難であるため、まずは法務に相談する習慣をつけてもらう**必要があります。

そのためには、まずは法務と接点を持ってもらう必要があります。最初の一歩として、**部署ごとに興味を持ってもらえる内容を手土産にして、研修を実施してみる**のはどうでしょうか。

私自身、入社して1年ほど、営業部には今使っている契約書の中身についての説明を、マーケティング担当に対しては広告に関する規制や最近の行政指導の事例を、エンジニアには開発上に潜む法的問題点やSNSで話題になっている事件の解説をする時間をもらい、その上で最後にお知らせという形で「今後は気軽にいろいろなことを法務に相談してほしい」とお願いしてまわっていました。

最初は、どういった話題が社内で受けがよいかを把握するのが難しいと思いますが、社内でヒアリングをしたり、「こういう研修を実施してほしい」というほかのメンバーのリスエストに応えたりすると、題材が決まりやすいです。

慣れてくると、**「飲み会とかSNSでちょっと他人に話したくなる小ネタ」**を探して研修やテキスト資料をつくり、その資料や研修の最後に些細な例を出して「こういう例でも、こういうリスクがあるから、法務に相談してほしい」という形で伝えたい内容を伝えられるようになります。研修を受ける方が「ちょっと面白い話が聞ける場」として楽しんでくれるようになれば、自然と普段の法務相談も増えてくるものです。

◉相談事例を一つひとつ積み上げる

一方で、特に今まで社内に法務担当がいなかった場合、研修をして接点を増やしただけでは、法務相談が増えないこともあります。そのような場合には、自分で他部署の定例会に出席したり、社内Slackに目を通したりして、法務相談の種を発見し、**「これについて法務としても確認させてほしい点がある」「この案件については、この部分が決まり次第法務に相談してほしい」など一つひとつの事例を積み重ねていく**必要があります。

地道かつ、場合によっては横から口を挟むことになるので勇気がいる方法になりますが、まずは法務に相談してもらえる環境をつくることが一番重要なので、無理のない範囲でチャレンジしてみましょう。

最初は一つひとつの相談事例を積み重ねていくことで、「前のこの案件の時はここで法務に相談したから、今回も必要かもしれない」「ここまで決めたら1回法務にチェックしてもらわないといけない」という、法務相談の文化を浸透させていくことができます。そのうち、

「これって法務相談しなくていいの？」「法務相談のスケジュールも含めて計画を立てよう」という声が聞こえるようになったら、法務への頼り方がかなり社内に浸透してきていると言えるでしょう。

さらに、**実際によいタイミングで相談に来てもらった際に、何がどうよかったのかを伝えることも有効**です。できれば、ほかのメンバーが見える社内チャットや定例会議などで「この案件はこの話の時点で相談に来てもらえたおかげで、こういうよい結果になった」と事例をシェアするといいでしょう。そういった小さな積み重ねで「法務に相談する」という文化が育まれていきます。

◉「頼りたくなる人」であろう

相談を受けるためには、「法務」である以前に「信頼できるビジネスパーソン」であることも重要です。仕事をする上で、職種に関係なく「頼りたくなる人」「ちょっと頼りづらい人」がいると思いますが、前者に自分はなれているでしょうか？　例えば、相談された際に嫌な顔をしていないか。連絡した時のレスポンスは遅くないか。相手にも伝わるような論理や言葉で説明しているか。相手に対して尊敬の念を態度で示せているか。このような、**ビジネスパーソンとしての信頼の上で初めて、法務の専門性を発揮する**ことができます。

「頼りたくなる人」になるのは、一見法務の専門性とは関係ないように思えますが、**いくら法律知識があってもリスクを検知できないと、法務の仕事は成り立ちません。**また、特に「ひとり法務」の場合、「法務」という漠然としたイメージではなく「○○さんに相談する」というイメージを持たれる場合が多いため、私は「頼りたくなる人」

であることも大事な法務の専門性だと思っています。

「何でも御用聞きのように受け入れると、法務としての権威が下がり、いざという時に意見を聞いてもらえない」という考え方もありますが、**一方的に「OK か、NG か」を判定するだけの機関になってしまうと、法務にリスクを持っていくことが億劫になる**可能性もあります。ある程度、社内でルールが徹底されている会社であれば、法務が判定機関になってもルールに従って相談が集まりますが、今まで法務がいなかったような会社の場合は、相談が億劫になり法務に届かなくなることでリスクの舵取りができなくなる可能性があります。

そのため、「ひとり法務」の場合は判定機関にならず**「ビジネスパーソンとしてお互いに信頼しているからこそ、ダメなものにはダメと言えるし、法務の言葉を素直に受け取れる」という関係性**を構築していくほうが、結果としてリスクの舵取りにつながると思います。

法務に届いた質問をトリアージしよう

法務に質問が集まるようになったら、**届いた質問の優先順位を決める必要**があります。

まずは「法務相談ではないもの」を整理しましょう。法務に詳しくない人にとって、質問の内容を「これは法務」「これは経理」としっかりと判別するのが難しいため、**どうしても労務や経理などの質問が法務窓口に来る**こともあります。そのような場合は、適切な窓口につなげば、法務としてはその質問への対応を終えることができます。

次に、すぐに「問題ない」とわかるような質問には、「リスクがない」「問題ない」の回答をすることで、それらの質問の対応をスムーズに終えることができます。そうすることで、対応が必要な総数を絞り込むことができ、手元に残った質問は「対応が必要かつ法務が対応すべきもの」として、そこで初めてトリアージ（優先順位付け）ができるようになります。

質問が集まると、すぐに調査をはじめ、ひとつでもよいから早く回答して終わらせたくなるのですが、「ひとり法務」で少ないリソースで最大限リスクを舵取りするためには、そこを堪えて一度立ち止まり、取捨選択と優先順位付けを先に行なうことが大切です。

優先順位のつけ方は会社の戦略や状況によって様々ですが、基本的には**「すでに問題になっているもの」が先、「今後起こり得る問題を回避するためのもの」が後**です。また、今後の問題については、それぞれの回答の納期や法務調査の結果が与える影響度合いを確認しつつ、リスクの大きさや後戻りのしづらさを基準に優先順位を判断していくとよいでしょう。

例えば、顧客からクレームが来ており、契約金額の返金を求められているような場合は、契約書上どのような対応が必要なのかを優先的に確認する必要があります。ほかにも、他社から警告書が届いていたり、個人情報の流出が発生してしまっていたり、行政から調査依頼や指導が入ってしまったり等といった場合は、スピーディーな対応が求められます（このような場合、悠長に法務相談としてではなく、インシデント対応・トラブル対応として持ち込まれる場合がほとんどなので、基本的には最優先の案件となります）。

また、「新しいサービスを出したいが何かしらの法律に引っかからないか教えてほしい」という相談であれば、そのサービスのリリースはいつ頃を希望しているのか、法務の回答がないと着手できない部分はあるか等。リリース前に何かシステム開発がある場合は、いつからそれに着手するのか、そして後から何か要件を変える場合に、どの程度の影響範囲があるのか（システムを一からつくり直す必要があるのか、1、2日で修正ができるものなのか）等。これらを考慮して、優先順位をつけていきます。

◉時間管理のマトリクス

質問の優先順位のつけ方については、法務に限らず一般的によく使われている「時間管理のマトリクス」という管理方法があります。**「重要度×緊急度」**でタスクを下図のように４つに分類して優先順位を決めるやり方です（参考『完訳　７つの習慣 人格主義の回復』スティーブン・R・コヴィー著、キングベアー出版）。

▼ 時間管理のマトリクス

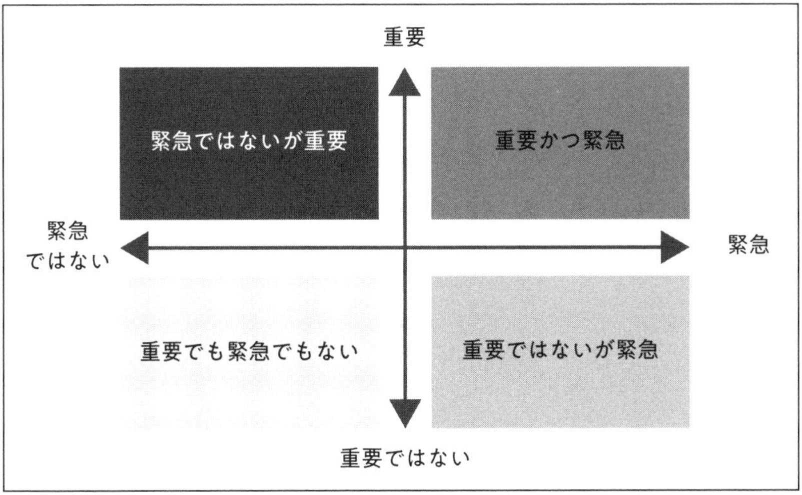

また、優先順位付けのために必要な法的リスクの計測方法については、『攻めの法務　成長を叶える リーガルリスクマネジメントの教科書』（渡部友一郎　原作、大舞キリコ　イラスト　日本加除出版）という書籍が非常にわかりやすくかつ初心者でも取り入れやすいのでおすすめです。

優先順位がつけられない場合、リスクや重要度を判断できるほど事業や経営方針に対する理解ができていないケースも考えられます。そのような場合はどうしても過去の自分の経験に頼って「前にトラブルがあったもの」や「自分が知っていてすぐに着手できるもの」に手を伸ばしてしまいがちなので、注意しましょう。

自分ひとりで優先順位を決められない場合や自信がない場合は、顧問弁護士の先生に相談したり、経営メンバーに確認したりするとよいでしょう。納期が被ってどちらかしか対応できないような場合は、事業側に優先順位を判断してもらうことも必要です。

◉情報不足を防ぐ方法

情報不足により優先順位の判断ができないということもあります。私自身、しっかり準備してヒアリングしたつもりでも、優先順位の検討段階で確認漏れに気づき、再度条件などを確認しに行くことがあります。まだ検討もできていない段階で、何度も聞きに行くのは勇気が必要だったりしますが、断片的な情報で進めてしまうほうがリスクがあるので、その場合は**勇気を出して再度ヒアリングをしましょう。**

打ち合わせの最後に「もしかしたら、また不足事項が出てきた際に、質問に伺うかもしれません」と伝えておくと、その後再度依頼する際の心理的なハードルを下げることもできます。

ヒアリング不足を防ぐ工夫として私がやっていることは、**①ヒアリングフォーマットをつくる、②顧問弁護士の先生宛のメールをつくってみる**ということです。①については、回答が完了した案件で聞いた項目を抽出しておき、類似の案件が来た際に再利用することで、抜け漏れを減らすことができます。②については類似案件がないような場合に、事業や問題の経緯を知らない先生に一から伝えるつもりで文章をつくることで、自分が理解できていない部分や確認できていない条件を洗い出され、質問項目の抜け漏れを防ぎます。

法務相談に回答しよう

相談に優先順位をつけ終わったら、あとはひたすら回答を考えていくだけです。ここからは、自分の得意・不得意分野や時間・予算的な余裕を考慮して、場合によっては弁護士の先生に調査を依頼しつつ、進めていく必要があります。４章でも触れましたが、まずは「リスクを検知する」ことが「ひとり法務」の大事な仕事で、検知したリスクの調査は専門家に頼れる部分なので、適度に頼りつつひとりで抱え込みすぎないようにしましょう。

回答を考えるためには、まず情報を集める必要があります。ここからは、書籍や行政のガイドラインを調べ、抽出した論点を場合によっては顧問弁護士や行政窓口に相談し、回答を導いていくという孤独な作業でもあります。具体的な法律調査についてはいろいろなノウハウ本があるのでぜひそちらを読んでいただきたいのですが、ここでは私自身が限られた時間の中で回答を作成するポイントをご紹介します。

まず、**該当の論点に関する書籍を２、３冊ほど購入し、関係する部分を読んでみます。**そこでもまったく道筋が見えなければ顧問の先生に一度相談し、ある程度道筋が見えそうであればその**複数の本に引用・参照されている本やガイドラインなどをさらに追加で読んで深掘り**していきます。

書籍の選び方は、「王道」と言われている本がある分野なら最初からその本を、どの本がよいかわからない分野であれば、ある程度有名な法律系の出版社の本をまずは書店で手に取り、目次を読んでみて必要な情報が載っていれば購入してみるようにしています。

また、法務の知り合いが増えてくると、守秘義務違反に気をつけつつも詳しそうな人に論点をかいつまんで聞いてみたり、「○○法の勉強におすすめの本を教えてほしい」と聞いてみることもできます。

一方で、**「『ひとり法務』がその法律を勉強している」という情報自体を漏らさないほうがいい場合も**あり、難しいところです。例えば、上場審査について詳しく聞くと「上場期が近いのではないか？」、現在所属企業が事業として取り組んでいない分野を勉強している場合は「新たに新規事業がはじまるのではないか？」などと推測されてしまう可能性があります。

そのため、どの会社にも該当するような法改正以外は、結局のところ書籍を2、3冊購入して芋づる式に探す手段を取ることが私自身は多いです。また、あまりに慣染みのない法律の場合は、早々に顧問の先生を頼り、先生からの回答を手がかりとして後追いで勉強するということもあります。

◉回答は「判断材料」の提出

回答するために必要な情報を書籍や専門家から得たら、最後に「社内に伝わる形に整理する」という工程があります。**手元にある素材を、納品できる状態に整える作業**が必要なのです。

「現在の法律はこうなっている」「その上で自社サービスにはこういうリスクがある」といった回答を質問者にわかりやすい形にまとめて

いきます。場合によってはもう一歩踏み込んで、「じゃあどうしたらよいのか？」「いくつか選択肢がある中で、どれを選ぶのがよいのか？」といった事業への提案を求められることもあるかもしれません。

調査までは、いわば「書籍で探せば得られる」知識ですが、ここからの回答は法務担当の腕の見せ所でもあり、法的論点と違って完全に「答え」がある訳ではありません。複数人の法務がいる場合であればみんなで相談したり、先輩のチェックを得たりできますが、「ひとり法務」の場合は自分で考えて整理して回答しなくてはならず、その「勘所」に対する恐怖感もあると思います。

まず安心してほしいのは、「ひとり法務」がクリアすべきラインは**「判断する人が判断するために必要十分な情報を整理して届ける」**ことだということです。

具体的には**「事実（＝法律上どうなっているのか）」と「評価（＝法務としてはどうすべきだと思うのか）」を分けて伝えた上で、受け手に判断をしっかり委ねる**ことです。「この選択肢がおすすめである」「こういう方法であればやりたいことができる」とより踏み込んだ提案までできなくても、まずは「法律の通訳者」として、正しい法律の情報を伝え、質問者の判断の道筋を示すことができればOKです。

会社にとって重要な判断となるような場面では、法務が色をつけて情報を渡してしまうと、かえってリスクが正確に把握できず、経営判断が正しくできなくなります。

私も「ひとり法務」になった当初、質問者の負担を減らそうとできるだけ回答の際に相手が取りうる選択肢を提案していたら、「法務提案の選択肢が経営メンバーの思考の枷になっているので、いったん事実ベースだけで出してほしい」と言われてしまい、反省したことがあります。

◉質問者が満足する回答を目指す

実は、法務相談と一口に言っても、**質問者がほしい回答のレベルや温度感は人によって異なります。**選択肢方式で取り得る手段を並べてほしい人もいれば、法律上の規制を知れれば、それをクリアする方法は自分で考えたい人もいます。場合によっては「ダメ元」で聞いているので、単にダメということがわかれば詳細は不要という人もいます。

そのため、最終的には受け手が受け取りやすいような形に回答のレベルや説明方法や整理方法を調整できるとよいのですが、これに関しては法務業界共通の“100 点”のやり方がある訳ではありません。会社によって法務に期待するものやリスクに対する考え方が異なり、質問者ごとに求める回答のレベルも異なるので、**顧客（質問者）のニーズに合わせたサービスを提供できるよう、法務としても PDCA をまわしていく**しかないのです。

私自身、最初の２年くらいは質問者や経営層から定期的にフィードバックをもらい、ある程度相手のニーズが把握できてきた最近でも、「このレベルの回答で大丈夫ですか？」「いったん粗めでつくっているので、詳細が必要であれば別途教えてください」といった言葉を添えて回答を渡し、時には「もっとこの部分だけ詳しく調査してほしかった」「想定していたより詳しい答えが返ってきたけど、もっと粗い回答でよかった」というフィードバックをもらって、少しずつ調整を続けています。

大事なのは、**法務相談を受ける際のゴールを「法務が満足すること」ではなく「質問者が満足すること」**に置くことだと思います。より正確に言えば、**質問者が満足した上で、法務もしっかりとリスクのコントロールができていること**、です。

場合によっては、もっと深く調べたい気持ちを控えたり、もっと丁寧に理解してほしいのを我慢したりと、忍耐力が必要な場面も出てくるでしょう。しかし、あくまで法務は「リスクのコントロールをするため」の存在であり、法務だけが満足する回答は残念ながら自己満足でしかないので、質問者の存在を忘れないようにしたいところです。

そのため、他社の法務のやり方を参考にしたり、書籍で勉強したりするのも大切ですが、それと同じかそれ以上に、目の前の「質問者」がどうやったら満足してくれるのか、自社の場合にどうやったらリスクのコントロールと質問者の満足の双方を満たすことができるのかを考えながらトライを繰り返し、フィードバックをもらって改善を繰り返すことが重要です。

法務でなくても判断ができる「材料」を整えよう

さて、法務相談の文化を会社に根づかせることができ、法務にたくさん質問が来るようになると、「ひとり法務」の場合は仕事量がパンクしそうになります。一時的なものであれば耐えられるかもしれませんが、ずっとその状態が続くと、ほかの業務がまわらなくなってしまいます。そのため、**法務でなくても判断できるような「材料」を整えることで、本当に必要なものだけが法務相談されるよう、法務相談を「持続可能」な形に整える**必要があります。

法務への質問を適切に間引くためには、まず、**どんな質問が多いのか**を確認する必要があります。そのためには、法務相談を受けつける際に、届いた質問を見て**「社内にどういった知識が少ないのか」「みんなが何を不安に思っているのか」を把握する**必要があります。

例えば、法務から見てリスクが高いのに質問がまったく来ない論点がある場合、その部分の社内のリテラシーが低く、研修を行なう必要があるかもしれません。逆に、簡単なのに質問が多い部分や複数人から同じ質問が来る場合は、マニュアル化すれば今後はその質問は事業部内で解決できるかもしれません。また、過去に締結した契約書の保管場所や契約書ひな形のように、単なるデータのありかを繰り返し聞かれる場合は、ほかのメンバーでも探しやすいよう整理すれば質問を減らすことができます。契約書の内容で同じような箇所に質問や修正依頼が多い場合は、ひな形のその箇所を直してしまうという方法もあります。

そのため、少し難しいことですが、法務相談に乗る際には、目の前の問題に向き合いつつも、**その質問が来なくなる方法や、その質問がもう一度来る、ほかの人から来る場合によりよく対応するアイデア**も考える必要があります。ここでは、実際に私が行なっている、質問を間引くための工夫についてご紹介します。

◉データのありかを明らかにしておく

特に今まで法務専任者がいなかった会社の場合、過去の契約締結データの場所がわからなかったり、最新の契約書ひな形のデータの場所がわからなかったりということで、質問の数が増えてしまうことがあります。法務からすると、過去の契約書を探して回答するという行為は、手間を伴う単純作業なので、できるだけ回数を減らしたいものです。

そこで、契約書のひな形については、**タイトルとひな形の保管先（クラウド上のファイルへのアクセス方法）の一覧をつくって**、その一覧からまず探してもらうように依頼しています。Slackで「契約書ひな形」と投稿するとその一覧表が出てくるようにしておき、その旨を周知することで、意外と簡単に解消することができます。

また、それでも一覧にあるひな形の場所について法務に質問が来る場合もあるので、その際には一覧を渡しつつ、一覧の出し方を教え、一覧を調べてから質問に来てほしい旨を繰り返し伝えることで、社内への浸透を図っています。

また、過去の契約書については一覧化するのにも時間がかかるため、「ひとり法務」になった当初は「この契約書のデータはありますか？」と聞かれた際に、**「今後も似たような件で契約書データがほしくなる可能性はありますか？」「どれくらいの頻度で起こりそうですか？」**といったことをヒアリングし、それなりに頻度が高そうであればその契約書の過去データを優先的に一覧化するようにしていました。

新規に契約するものについては、必要な人がアクセスできるような場所に保存し、契約が終わったらリストにタイトルや締結日、概要と原本データへのURLなどを一覧化するようにしていました。

その結果、現在はすべての有効な契約が一覧になっており、これもURLを渡して「ここから探してください」という回答で解消できるようになっています。最近は契約書審査の受付から契約締結までを一括で管理できるシステムや過去の契約書類から契約書のリストを自動でつくってもらえるシステムもあるので、リスト化が大変な場合はそのようなツールに頼るのもひとつの方法かと思います。

◉質問を受けたものはQ＆Aとして蓄積する

質問を受けた際に、Slackやミーティングなどで回答して終わりにすると、同じような質問が来た際に、またSlackなどを遡って調べたり、一から回答をつくり直したりする必要があります。それでは二度手間となりもったいないので、**一度来た質問に対しては、回答とそれに至るまでの調査や思考の道筋をドキュメントに残しておく**ようにしています。そうすることで、類似の質問が来た際の回答が楽になりますし、余裕があれば「先に法務のドキュメントを読んでから質問してほしい」ことを周知することで、質問の回数も減らすことができます。

毎回ドキュメント化するのは手間もかかるのですが、自分が楽になるためにも必要ですし、いろいろな案件に対応していると過去の回答を自分でも忘れてしまうこともあるのでおすすめです。また、回答した内容が伝言ゲームのようにずれてしまわないためにも、文章でしっかりと残しておくことは重要です。

加えて、自分がつくったドキュメントを数年後に見返すことで、自分の成長を知るためのツールにもなります。法改正が実施された場合などに、過去のQ＆Aを修正または削除するために見返すのですが、過去の自分が浅い知識で回答しており少し怖くなる場面もある一方、どういう思考の過程を経たのかが書き残してあることで、アップデートされた知識を上書きして修正することも容易にできます。

◉マニュアルやひな形をつくり、定期的に見直す

質問が来ているものだけでなく、**よく発生する業務については、手順などをマニュアル化しておく**ことも有用です。

例えば、業務委託を発注する時はどういった手順で行なうのか、弁護士の先生に法務相談を依頼する際にはどういった情報を伝えるべきなのかなどをマニュアル化しておくことで、質問の回数を減らせます。

また、同じような契約書の作成相談が相次ぐ場合には、それをひな形としてつくっておくことで、ひな形のある契約書としてフローに載せることで、個別の質問を減らすことができます。

マニュアルやひな形については、来る質問に応じて定期的にアップデートしていく必要もあります。マニュアルに基づいて個別事例の質問が多くなってきたら、その部分に個別のケースを例として書き足すことで質問を減らすことができますし、ひな形に関して毎回質問される箇所があれば、ひな形自体を編集するか、最初からひな形に説明のコメントをつけておくなどの工夫もできます。一度つくって完成ではなく、定期的に見返してアップデートしていきましょう。

◉社内に対して研修などを実施する

同じような質問が多い場合には、**その分野に関して社内で研修を実施**し、可能であれば**新入社員の研修**にも組み込んでもらうことも有用です。すぐに質問が減らずとも、**社内の法務リテラシーが上がる**ことで質問の回答内容が伝わりやすくなるという効果が見込めます。

逆に、法的な論点が多くあるのに、法務相談がまわって来ないような分野についても、研修でどこに落とし穴があるかを伝えることで、**社内のリスク検知の感度が上がり**、適切な相談が法務に来ることで、リスクの舵取りがしやすくなります。

直近で自社に大きな影響のある法改正がある場合なども、先まわりして調査し、勉強会を実施することで、各事業部からの個別具体的な質問が減ったり、法改正対応のための社内調査が進めやすくなったりといった効果があります。また、研修を通して法務に相談をしてくれる「顧客」の理解度を知ることで、質問に答えるレベルや説明の丁寧さをチューニングすることにも役立ちます。

COLUMN

勉強会参加のススメ

私が初めて法務の勉強会に参加したのは、たまたまSNSで知り合った他社の法務の先輩からお誘いいただいたからでした。当時はコロナ禍だったのでリモートで集まり、1冊の法律書籍を通読しました。「ひとり法務」をはじめてから、ずっと孤独で不安な状態だったので、その時に声をかけてくださった先輩には今でも本当に感謝しています。

法務に関する雑談をしたり、本の読み方を教えてもらったり、自分なりの見解を述べて意見をもらったりすることで、「私も法務として何とかやっていけそうだ」と思えたのも、その勉強会がきっかけでした。

その後、自分でも大学時代の知り合いや、SNSで知り合った方に声をかけて、定期的に勉強会を自主開催しています。具体的には、まず「この本を通読したい」という本を選び、その本に興味を持ってくれそうな方に声をかけて4、5人を集め、後は順番に本の章ごとに担当を決めて発表し、ほかのメンバーで知見や疑問を補い合うという進め方をしています。

法務の書籍は分厚いので、どうしても途中で心が折れてしまったり、自分の業務に関係しない（でも今後のキャリアや今のトレンドとしては勉強しておきたい）本は読む時間が取れなかったりするので、勉強会を開催することで、自分で自分に圧をかけています。本当はひとりで黙々と頑張れるとよいと思いつつも、「勉強会システム」に自分を組み込むことで、なんとか怠け者の自分に勉強を続けさせています。

7 章

顧問弁護士との付き合い方

法務業務に不可欠な顧問弁護士の存在

法務業務において、弁護士の先生の協力は欠かすことができません。法律はたくさんあり、ひとつの法律分野の習得にも非常に時間がかかることから、どうしてもひとりでカバーできる専門分野には限りがあります。どんなに大きな法務組織であっても、社外の外部の弁護士の先生を一切頼らないという組織は恐らくないのではないかと思います。

さらに「ひとり法務」の場合は、ひとりですべての法律範囲をカバーできないことはもちろん、限られたリソースの中では「社内で対応していたら間に合わない」「社内対応だとリスクが適切にコントロールできない」という場面も多く、必然的に顧問の先生に頼る比重が大きくなります。弁護士の先生だけでなく、複数の士業の先生と顧問契約を締結し、それぞれの先生の専門性に応じて相談を割り振るということもあるでしょう。

法務にとって、士業の先生方はRPGゲームなどの**「パーティ（複数名のチーム）」のような存在であり、自分が倒したい敵に一緒に挑んでくれる仲間**です。そのため、どういう先生方でパーティを組むかを考え、先生方に質問を割り振り、社外の力をうまく借りて、会社にとって必要な法務機能を提供することも、「ひとり法務」の大事なスキルとなります。

中でも顧問弁護士の先生は、一番お世話になる存在であり、うまく付き合っていきたいパートナーになります。そこで本章では、顧問弁護士の先生との付き合い方にフォーカスして紹介します。

まず気になるのは、顧問の先生の選び方についてだと思いますが、実は会社の状況や環境などによってそれぞれです。例えば、**特定の法律に対する深い知識が必要な場合は、その法律の専門家を揃える**という方法もあると思います。また、業務委託のように社内に常駐してくださり、先輩のように頼れる**「半社内弁護士」のような顧問の先生と、特定の分野に強い社外の先生をどちらも揃えておく**という方法もあると思います。

また、顧問弁護士の先生方は**「コンフリクト（利益相反）」**を回避する必要があり、例えば競合企業同士の顧問をどちらも引き受けたり、訴訟当事者の両方からの依頼を引き受けたりすることは基本的にはできません。そのため、その道の第一人者の先生に顧問をお願いすることで、他社にその先生を取られないようにしておく、といった戦略を取る会社もあります。コンフリクトの有無については弁護士の先生がチェックしてくれるので、依頼したい先生がいる場合は、早めにチェックだけお願いしておくとよいでしょう。

◉「窓口」となってくれる先生の重要性

小さな事務所にずっと寄り添ってもらうことを希望する会社もあれば、大規模な事務所で幅広く対応してもらいたいと希望する会社もあります。そのため、顧問弁護士の構成については今までの経緯や会社の事情、諸々の予算などを踏まえて決める必要があるのですが、「ひとり法務」の場合は特に**「自分が相談しやすい先生」をひとりは確保**できているとよいと思います。

専門家である弁護士の先生へのリスペクトはあって然るべきですが、一方で弁護士の先生といえども「外注先」なので、発注元である自分（自社）が誰と契約するかは決めてよいものです。もちろん、専門性のある先生のほうが質問への回答が早かったり、造詣が深かったりするのですが、些細なことを聞きづらかったり、質問するのにとてもエネルギーを消費するようでは、結局質問すること自体に抵抗感が出てしまい、最悪の場合は社外に相談すべきリスクを自分だけで抱え込んでしまうことになります。

そのため、**相談しやすく、「窓口」となってくれる先生**の存在は非常に重要です。できれば、**①自分が相談しやすいと感じる、②専門外のことを聞いた際にはほかの先生を紹介してくれる、③複数顧問先がいる場合で自分以外の先生に聞いたほうがよい時には、素直に教えてくれる**、こういった先生を探しましょう。

①については顧問契約を前提に一度面談をお願いしたり、契約書のひな形作成等の業務を依頼したりすることで、見極めるとよいと思います。②③については見極めが難しいため、そのような希望を伝えた上でのリアクションなどで推し測ることになるかと思います。

一方で、「ひとり法務」の場合は引き継ぎをしてくれる人が社内に残るとは限らず、その場合、顧問の先生が**「外部の記憶装置」**として、**過去の社内の諸々の経緯を唯一知っている人**になる可能性もあります。社内に知見がなく社外だけに知見がある状態は避けるべきなので、早目に自社の情報を社外から「逆輸入」して引き継ぐ必要があります。そのため、情報を引き継ぐ前に顧問契約を安易に終了してしまうと困る場合もあるので注意しましょう。

◉弁護士費用の予算の考え方

先生に相談する際に忘れてはいけないのが、「予算管理」です。法務部門にも予算があるため、お願いしたい先生全員と契約ができない場合もあるでしょう。その場合は、顧問契約はせずに要所要所でお願いできる先生を探すこともあります。また、予算が尽きてしまうと相談ができなくなってしまうので、うまく予算をコントロールしながらも、必要な点だけを先生方に確認するといった依頼と予算の配分も気にする必要があります。

一見、考えることが多くて大変な印象があるかもしれませんが、逆に言えば「ひとり法務」は「会社のお金でその道のプロに話を聞く」ことが自分の判断でできるのです。もちろん会社のお金なので大事に使うべきですが、自分が力になってほしい先生たちを選び、自分だけのパーティをつくり、信頼する先生たちに囲まれて“勇者”になって仕事をするのはとても楽しい仕事ですし、ある意味「ひとり法務」の醍醐味かもしれません。

顧問の先生への頼り方

顧問の先生に頼る際にまずイメージしたいのは、依頼される先生側の事情です。多くの場合、**各先生には得意分野があり、その分野の質問がその先生の下に集まります。**例えば「○○法」「建築業界」といった会社の事業や特定の法律に応じた形での得意分野がある先生もいれば、「資金調達」や「ベンチャー企業」など、特定の場面や規模を得意分野とする先生もいます。

得意分野の質問が集まると、結果としてその分野の知見が溜まり、さらに専門性が強化されていく訳です。そうなると、得意分野については正確かつ的確な回答が返せる一方で、あまり経験や知見がない分野については、調査に時間がかかることもあり、場合によってはその先生では担当しない／できないといったことが起こります。

弁護士の仕事内容としては、法律というものに対する理解や勉強方法は知っているが、基本はその中の専門領域を扱うという点においては、お医者さんと似たようなイメージを持つと近いかもしれません。

そのため、自社の顧問先を検討する場合、**自分の会社でよく論点になる法律はどういった分野か、その知見はひとりの先生にお願いするので足りるのか**について、十分に検討する必要があります。特に法務がいなかった会社の場合、創業期にお世話になった先生ひとりに何でも質問をしていることが多いのですが、実際には専門知識を持った先生との「使い分け」をしたほうが、弁護士費用という面でもリスクヘッジという面でもよいという可能性もあります。

◉依頼の仕方を工夫する

また、**先生方は顧問先の企業を複数抱えており、いくつもの案件を同時並行で扱っている**ということも、頭の片隅に置いておきましょう。我々が社内でいくつかの仕事を同時並行しているのと同様に、先生方も複数の会社の複数の案件を同時並行していることがほとんどです。

法務としては「期日までに」「正確な」答えがほしいため、そのことを頭に置いておくと、先生方とコミュニケーションを取るにあたって、工夫できる点が見えてきます。そしてそれは、実は法務が社内から相談される際に「その工夫はありがたい」と思うことに通ずるものがあります。

例えば、ほぼすべてのメールに「緊急」のタイトルがついていたり、特に急ぐ訳でもないのに急に電話がかかってきたり、逆に急ぎの要件なのに納期が書いていなかったり、情報が少なかったりして、ストレスを感じたことはないでしょうか？　これは顧問の先生とのコミュニケーションに限りませんが、**相手に何かを依頼する際には、それなりに工夫できる点がありますし、小さな工夫で相手と気持ちよく仕事ができる**こともあります。

具体的に考えてみましょう。メールで相談する際には、どういう情報がタイトルに含まれていれば助かるでしょうか？　まずメールが届いた際には**「今すぐ開封が必要か」「後で見ても大丈夫か」**くらいはわかったほうがよいと思います。また、たくさんの顧問先を抱えていることを考えると、社名も入っていたほうがいいでしょう。このように、タイトルひとつとっても、いろいろな工夫ができます。

▼ メールタイトルの工夫

【改善前】
Title: ○○の件のご相談
Title: **打ち合わせのお願い**
→これではどういった内容なのか、緊急なのか急いでいないのかがメールを開封しないとわからない。

【改善後】
Title: **【至急】○○の件でインシデントが発生しており、緊急MTGのお願い（ABC株式会社）**
Title: **新規事業のXXX法に関するレビューのお願い（ABC株式会社／○月○日までの回答希望）**

また、メールの本文についても、工夫できることがあります。こちらも法務相談同様ですが、**最初の相談時にしっかりと情報が揃っていれば、すぐに検討に入ることができます。**逆に情報が不足していたり、足りない情報があったりすると、追加の確認でやり取りが発生する分、回答までに時間がかかってしまいます。そのため、顧問の先生に質問する際も、特に急ぐ場合には、情報の不足がないように気を配る必要があります。

法務以外の部署から「ひとり法務」になった際には、いろいろな情報を盛り込むとメールの本文が非常に長くなってしまい、逆に失礼にならないのかと不安になる方もいるかもしれません。しかし、弁護士業務は日常的に大量の文章をスピーディーに読解していくため、長文を読むことには慣れている先生がほとんどです。そのため、説明が多くなることは、あまり気にしなくてよいかと思います。それよりも**情報の不足がないか、判断に必要な情報をわかりやすい日本語で伝えられているかに注意すべき**です。

▼ 実際に伝え忘れてしまいやすい情報

【相談の背景】
例えば、やることが決まっている新規機能なのか、まだ検討段階なのか等。
【前提条件】
社内で検討する際の前提となっている情報。例えば、以前の取引やトラブル、そもそも相談するに至るまでの交渉の過程等。
【略語や社内用語】
社外の相手にもわかるような情報に翻訳して連絡する必要がある。

とはいえ、いきなり完璧な質問を送るのは難しいので、まずは自分なりに質問してみて、先生から確認された内容をしっかりと読んで、次回の質問の際には最初からその情報を渡しておくといった工夫をすればよいかと思います。先生に相談する時点で、自分ではまったく知らない分野であったり、難解な条件だったりすることがあるので、**工夫することは大事ですが、一度ですべてを伝え切ることにこだわりすぎる必要はありません。**自分自身とリソースとの兼ね合いで、できる範囲の工夫からはじめましょう。

もし弁護士の先生とのコミュニケーションが不安であれば、**案件が終わった際に「振り返り」として、自分の情報の出し方について顧問の先生からフィードバックしてもらう**ことで、次回からのコミュニケーションに活かしましょう。

予算のコントロールと相談業務の進め方

顧問の先生に相談する際に、法務担当が一番頭を悩ませるのが、予算のやりくりではないでしょうか。特に序盤は、たくさん聞きたいことがあるのに予算に限りがあり、一つひとつの質問にどの程度のタイムチャージ（時間に応じた料金）がかかるかが読めないため、請求書を怖がりながら、先生に質問するようなこともあるでしょう。

もしまったく予算を読む手がかりがない場合、**顧問の先生との契約書や過去の請求書を見て、料金体系を確認**しましょう。タイムチャージはいくらなのか、顧問料にあらかじめ何時間かのタイムチャージが含まれていないか、どのような案件でどの程度料金が発生しているかを把握します。

その上で、**まずは依頼業務を伝えて、先生側から対応にかかる費用や時間の見積りを出してもらいましょう。**実際の依頼内容によって左右する部分もありますが、専門領域のことであれば調査や回答にかかる時間についても、顧問の先生のほうが自分より詳しいことが多いです。

注意したい点として、タイムチャージで依頼した場合、見積りから大きくオーバーしたとしても実際には弁護士の先生が稼働した分が後で請求されます。特に調査や意見書を依頼した場合、どうしても見積書から上振れしやすいので、見積り内で確実に予算が収まるわけではないことを頭に入れておきましょう。

もし絶対に予算オーバーできない場合は、あらかじめ先生にその旨を伝えた上で、**「最大でどのくらい費用がかかるか」「予算内に絶対に収めるために、何かしらの方法がないか」などを素直に質問する**という方法もあります。場合によっては「その予算ではどう頑張っても厳しい」ということがわかり、社内で予算の調整をしないとお願いできないような場合もあります。

本来お願いすべき部分を一部諦めてしまうことでリスクコントロールができなくなるのは本末転倒なので、できるだけ予算をうまく読みつつ、必要な部分では思う存分頼れるようにやりくりしておくことが重要です。

◉今後のために結果と経過をまとめておく

後は実際に、**どういう依頼をしたらどの程度の時間がかかったのか（実際に質問してから回答が来る時間ではなく、対応料金として請求された「時間」）を、表にまとめておく**ことも有効です。ほかの案件の依頼をする際の目安にもなりますし、予算がどうしても追加で必要な場合や、大きなプロジェクトを控えている場合、社内への予算の交渉材料にもなります。

ある程度顧問の先生とのやり取りに慣れてくると、普段の業務であれば**「これくらいの料金だろう」**という感覚がつかめるようになってきますし、場合によっては**「この案件にこの時間は流石にかけすぎている気がする」**といった感覚を持てるようになってきます。専門家に頼りたい気持ちと、発注主として管理しないといけない立場が同時に存在するので難しい部分ではありますが、まず記録を取ることからはじめてみましょう。家計簿をつけると、商品の値段が高いか安いかという感覚がわかってくるように、先生の対応の相場感や高い・安いがわかってきます。

◉まずは自分で調べ、その後に先生に相談する

また、必要な案件にしっかりと予算を割くためには、必要のない案件や必要のない部分に先生の時間を割かない工夫が必要になります。特に忙しい時期は、社内からの質問や調査が必要な論点についてすべてを顧問の先生に転送したくなってしまうのですが、予算のことを考えてそこを我慢し、事前の事実関係の整理や調査をしてから相談する案件を決めるとよいでしょう。納期や会社・事業にとってのインパクトと予算を天秤にかけて、一つひとつの案件についてどの程度自分が事前に手を動かすか、先生にどの程度お願いするかを考えていくイメージです。

実際に、ある程度調べてからメールを送る場合は、右ページに掲げたような内容となります。**添付に事業部からのヒアリング内容を（法的に関係しそうな部分をメインに）まとめ、それがどの法律のどの論点に該当しそうかを事前に調べてまとめ、該当した場合の後工程の対応と自分の解釈が不安な箇所まで抽出しておく**ことで、先生の判断のポイントを絞って伝えることができます。

法務予算は、営業部などのメンバーが頑張って稼いできた資金でもあるので無駄遣いは避けたい一方で、リスクがあるものの判断を誤り、

▼ メール文例

Title: ○○法の規制についてのお伺い（ABC 株式会社）

○○先生
いつもお世話になっております。
実はこの度、事業部から「～～」という質問を受けております。
事業部に事前にヒアリングした条件や企画意図を、ご参考に別途まとめたもの添付にてお送りさせていただきます。
調べたところ、○○法第 n 条の規制に該当しそうと思っているのですが、“○○○”という言葉の定義に今回含まれるのか？が微妙なラインだと感じ、不安に思っているのですが、アドバイスいただけないでしょうか。
（個人的には「～～」という理由で該当するのでは、と思っています）

なお、該当する場合は弊社の利用規約の“～～”の部分の変更が必要だと認識しております。
ほかにも、適用されそうな法律や検討できていないリスクがあれば、ご指摘お願いしたいです。よろしくお願いします。

予算を理由に十分な調査をせずに回答してしまうと、場合によっては大事故を引き起こし、もはや法務を雇わずに全部先生に聞いたほうがよかった……という最悪の結果になってしまいます。

そのため、**事前に調査したり、社内でヒアリングしたりして、会社の代表として説明できるまでは最低事前準備**をし、さらに余裕がある（または予算がない）場合には、ある程度自分なりの法的な解釈をつけることで、しっかりと予算を抑えつつ、専門家の視点でリスクをヘッジしてもらうのです。

なお、事前の調査自体を大きく外してしまう場合もあり、その場合は自分の事前調査時間が無駄になってしまうのですが、逆に言えばそれは**「“『ひとり法務』の自分がよくわかっていない”という状況であ**

ることがわかった」ので、収穫と言えます。その分野については改めて勉強の時間を取ったり、セミナーを探したりと、次の手を打つことができます。

もちろん、トラブルなどに発展していたり、社内で抱えている時間的余裕がない案件や、納期に余裕がなく自分で調べている時間すらない時は、すぐにミーティングをさせてもらい、先生の誘導で情報を出していくほうがよい場合もあります。ただ、予算管理という側面だけで考えると、適切な案件に適切に専門家に頼るためにも、法務による社内情報の事前整理は必要ですし、時間が許せばある程度の法的論点の事前調査をしてから相談したいものです。

顧問の先生への質問を通して、自身が成長する方法

「ひとり法務」の場合、リソースに限りがあるため、本当は自分で丁寧に調べたいような案件も、スピード重視で顧問の先生に依頼せざるを得なくなる場面があります。「自分で調べたい」という心の中の職人魂を抑えつつ、会社全体の利益を優先すると、どうしてもそのような選択になりますし、職人魂を発揮しないほうが会社のためになる場面もあります。一方で、そのような案件をただ仲介していると、自分に知識が蓄積していないのではないかと、不安になってくることもあるでしょう。

その対処法としては、顧問の先生への質問や、その後のやり取りの際に、具体的な事案を元に周辺知識の学習に発展させることで、知識を得ていくという方法があります。弁護士の先生に会社のお金で質問をするからには、同じ費用で得られるものは最大限に多いほうがよいので、目の前の問題への回答と同時に「法務としての成長」も狙ってみてはどうでしょうか？

例えば、「これって何かの法律にひっかかりますか？」と質問すると、「この法律に該当する／しない」という結論だけの学びになります。しかし、**「この部分が〇〇法第ｎ条に該当しそうだと思っているのですが、ガイドラインの〇番にはこういう記載があり、今回はその**

適用があるので該当しないと思っているのですが、いかがでしょうか？」という形で質問すると、「法律に該当しない」という結論だけでなく「そもそも○○法の範囲ではない／ガイドラインの読み方を間違っている／第n条の趣旨が理解できていない」など、**自分がどこで間違ったのかを合わせて理解することができます。**

顧問弁護士の先生からすると、見当違いの質問でも丁寧に回答する必要があるので手間が増えてしまうかもしれませんが、「担当者が何を理解して、何を理解できていないのか」は顧問の先生にとっても重要な情報なので、あまり気にしなくてもよいかと思います。ただ、先生からの回答で「答えはわかるが、自分がどこで間違ったかがわからない」時に、ビジネス上の結論が出ているにもかかわらず、自分の勉強や納得感のためだけに深掘りして質問することは、予算を無駄に使ってしまうことにつながるので、バランスには注意が必要です。

◉知識を蓄えておくことが重要

そうやって得た知識については、必ず社内にドキュメントで残しましょう。「ひとり法務」の場合は知識が自分の中だけに溜まってしまいがちなのですが、その**調査結果や質問への回答内容は会社のお金を使って得た「会社の資産」**でもあるので、後から見返してわかる形で残す必要があります。

また、**ドキュメントをつくることで、次の質問をよりよいものにする**ことができます。先ほどと同様、「これって何かの法律にひっかかりますか？」とだけ質問すると、「この法律とこの法律に該当する」という結論だけの学びになり、ドキュメントで残すにしても論理が抜けているので、「再利用」できるようなものにはなりません。

一方、「この部分が○○法第n条に該当しそうだと思っているのですが、ガイドラインの○番にはこういう記載があり、今回はその適用があるので該当しないと思っているのですが、いかがでしょうか？」というふうに論点を明らかにして質問すると、弁護士の先生からの回答から**「そもそも論点はどこだったのか」「どういう解釈をすべきだったのか」がわかるようなドキュメント**をつくりやすくなります。そうすると、次の類似の質問にはそのドキュメントが活きますし、同じ論点について質問が来た場合は、社内で即答できるようになります。

案件が終わった後に**よいドキュメントがつくれる・簡単にドキュメントがつくれるものは、よい質問ができている場合が多い**です。つまり、相談をする段階で、最終的にドキュメントにすることを頭に置いておくことで、質問の内容や論点の抽出についても、ブラッシュアップしていくことができます。

とはいえ、本当に緊急対応の場合は嵐の中の船のような状態で、質問を工夫する余裕もないことが多いはずです。そのような場合は、**案件が終わった後にドキュメントをつくりながら、調べ直す時間を持つとよい**でしょう。どうしてもひとりで行き詰まったり、理解できなかったりした点が出てきたらまとめておき、ほかの案件のついでに顧問の先生に聞くことで、後付けで理解を深めることができます。

また、このような間接的な方法でなくても、**直接、顧問弁護士の先生に自身の知識獲得や仕事について相談したり、定期的に相談の場を**

設けてもらったりするという方法もあります。

例えば、3ヶ月に1度や半年に1度、1時間の定例ミーティングの時間をつくってもらい、そこで今まで消化しきれなかった論点や、今後のスキルアップについて質問するといった形です。

もちろん予算との兼ね合いはありますが、「ひとり法務」は会社のリスク管理を一手に担っている存在でもあるので、同じパーティを組む先生に**自分の実力や会社の状況を知ってもらい、伸ばすためのヒントをもらうための時間**にできれば、そこに一定の予算を使うだけのメリットを生み出すことができると思います。

COLUMN

法務業務に弁護士資格は必要なのか論争

私自身は弁護士資格を持たない、いわゆる「無資格法務」なのですが、「法務業務に弁護士資格は必要なのか？」という点は、時折法務のコミュニティやSNSなどで話題に上がる内容です。

私も弁護士ではないので、法務業務をやるのに弁護士資格は必須ではないと思っていますが、一方で「弁護士資格を持つ人たちと比べられる」仕事であることは、意識しておくべきだと思っています。「ひとり法務」は社内での比較対象こそいませんが、取引先など社外の人との契約交渉等の場面では、年齢も資格も関係ない訳で、熟練の弁護士相手に契約書のやり取りをしないといけない場面も出てきます。自分に資格がないことは変えようがないので、その中でも資格者と渡り合えるように、準備をしたり外部に頼ったりする力をつける必要があることは日々の業務で意識しています。

とはいえ、資格者といえども普通に同じ職種の仲間ですし、同い年の資格者は多くの場合ロースクールに進学している期間の分、無資格者の方が先に社会人になっており、ビジネスに関する知識を蓄えていたりもします。私自身も、まわりの弁護士の友人たちに法律の勉強方法を教えてもらう一方、実務での考え方やビジネスの渡り歩き方をシェアしていますし、転職回数が多い分、友人たちの転職相談に乗ることも多くあります。

私自身は司法試験にそれなりに勉強した上でちゃんと挫折した身なので、そこを通過した資格者の人たちへのリスペクトもある反面、自分が選んだ道に後悔したくないという強い思いもあります。

だからこそ、敵対視することで嫌いになるのではなく、ライバル視することでより自分が努力を続けられる。そういう関係性でこれからも居続けられたらいいなと思っています。

8 章

「ひとり法務」の業務の幅の広げ方

マーケティング的な視点を持とう

「ひとり法務」として引き継ぎを受け、リスクを洗い出し、契約書を審査し、法律相談に対応し、士業の先生との関係性を築き……といった業務に没頭していると、時間はあっという間に過ぎていくと思います。そうして気づけば、いろいろな仕組みが運用フェーズになり、やらないといけないと思っていたタスクが落ち着き、“凪の時期”が来ることがあります。もちろん、相変わらずひとりなのでリソースに限りはあるものの、ある程度やり方がわかるような業務が多くなると、いったんは落ち着いてくるものです。

そこで本章では、「ひとり法務」としてある程度の業務を経験した後に、さらに**もう一歩自分なりの法務業務を極めるためのアイデア**についてご紹介したいと思います。今まだ業務が安定しておらず、一つひとつをこなすのに精いっぱいの方がいたら、「そんなことまで考えてられないよ」というのが本音だと思うので、今は本章を読み飛ばし、落ち着いた頃にまた読み返してみてください。

法務機能の立ち上げや引き継ぎが落ち着くと、一般的な「法務」としての仕事だけでなく**「自社の法務の強み」や「あなた自身の長所」を伸ばすことが要求されるフェーズ**になるかと思います。

慣れとは不思議なもので、社内からも「法務が社内にいて、安定稼動する」という状態が確保できると、さらに追加で価値を発揮をしてほしいというリクエストが来たりします。その際に、どういった視点で業務の改善や新たな業務に取り組むとよいでしょうか？

私自身は**「マーケティング的な視点」**を持つことが、会社に求められている結果を出しつつ、個人の能力も伸ばしていくのによいのではないかと思っています。ここでいうマーケティング的な視点とは、以下の３ステップのことを指します。

① 顧客のニーズを理解する

「法務として最低限担保してほしいライン」はどんな会社にも共通する部分があるのですが、**「よりよい法務」であるラインは会社や個人の評価基準によって異なります。**

例えば、軽微なミスがあってもいいからとにかく対応が早い法務を評価する会社もあれば、システム化を徹底した法務を評価する会社もあります。会社や事業の現在のフェーズや組織のカルチャーなどによって様々です。そのため、今よりもさらにステップアップする上で、望まれるものを提供しないと評価されないということが大前提となります。

法務にとっての「顧客」とは誰でしょうか？ 私は、法務にとっての顧客は複数存在しており、それぞれのニーズを理解して、そこから逆算して法務機能を考える必要があると思います。具体的には、**「会社」と「社員」と「自社の顧客」**が、どの企業にも共通する顧客かと思います。それに加えて、**「親会社」や「顧客の先のエンドユーザー」など**、ほかの「顧客」がいる会社もあるかもしれません。

▼ 法務の顧客は複数存在している

会社
経営層の描くビジョンや株主からの要望
社員
各事業部の KPI 達成や各個人のモチベーションの維持
自社顧客
自社製品やサービスのユーザーからの期待や信頼

それぞれの**顧客が、会社に対して求めていることが何なのかを把握することが、法務業務における「顧客のニーズ」の把握**になります。それぞれの顧客の間には必ずしも優先順位がある訳ではなく、それぞれの顧客のニーズを把握し、優先順位を決めながら、満たしていく必要があります。

また、顧客同士のニーズのバランスが崩れ、誰かのニーズだけが優先されている時は、そこにリスクが潜んでいる可能性もあります。例えば、通常の２倍の値段で商品を売れば営業担当のノルマは達成され、売り上げが上がるかもしれませんが、自社顧客は急な値上げに不満を持ち、そのことが明るみに出れば会社の評価が下がり、会社全体としての売り上げが下がるかもしれません。

そのため、各顧客のニーズを探りつつ、どのニーズが優先されているのかという力関係についても気にしておく必要があります。各顧客のニーズを把握する方法はいくつかありますが、その典型例を右ページにまとめました。

▼ 各顧客のニーズを把握する方法

会社

- 経営層に対して、今後の経営ビジョンや法務に求めることをヒアリングする
- 顧問弁護士等に、客観的な課題などを聞いてみる
- 業界 No.1 の会社や同業他社を参考に、自社に足りないものを考えてみる

社員

- 研修等の際に、法務に改善してほしい点や求める点についてアンケートを取る
- 現在の各社員の目標の数値や追っている KPI などを把握する
- 飲み会や雑談の場に参加し、会社や法務に対しての不満を聞いてみる

自社顧客

- マーケティング部門等に相談し、自社顧客についてレクチャーしてもらう
- 同業他社のネガティブなニュースや典型的なトラブル事例等を知り、そこからニーズを逆算する

大前提として、法務が社内に対してある程度信頼を得ていないと、ヒアリングやアンケートをしてもニーズが発掘できないため、もし**信頼構築に課題がある場合は先にそちらを解消しましょう。**また、マーケティング調査などと同じで、顧客が口にすることがすべてではなく、本人たちが気づいていない課題や理想がある場合もあるので、発言の裏に何があるかを想像しながら情報を整理し、「法務としてはこの状態のほうが理想に近いと思うが、どうか？」という逆提案をする姿勢も大事になります。

② 現在の立ち位置を確認する

次に、現在の法務の立ち位置を確認するために、①で出てきた要望や理想に対して**「できていること」と「できていないこと」を法務内で整理**しましょう。基本的に改善点として出てくるものについては「できていない」か「実はできているが伝わっていない」のどちらかになるかと思います。

「ひとり法務」の場合、「法務の評価＝自分への評価」でもあるので、自分にとってネガティブなフィードバックにも向き合う必要があり、心理的なハードルが高いかもしれませんが、そこを克服できればよりパワーアップした法務になれるので、ぜひ頑張って一歩踏み出してみましょう。

③ ①と②のギャップを埋める

理想の姿ができて、現在の姿が洗い出せたら、あとはその差を埋めていくだけです。ここで気をつけたいのは、決して**現時点で「すべてを理想の姿に寄せる」必要はない**ということです。「今の会社の状況として、ここはやるべきではない」「ひとりしか法務がいないのだから、ここは今はやらない」と判断することも重要です。その場合、あともうひとり採用したらやるのか、社員数が100人になったらやるのかなど、今はやらないことも「どういう状況になったらやるのか」を明らかにしておくとよいでしょう。

あまりに理想と現実に乖離があり、理想が高すぎると感じる場合は、期待値を調整し、①のほうを②に近づけるという方法もあります。その際は、社内報やセミナー、飲み会などで法務の仕事について知ってもらい、**現在の「ひとり法務」のキャパシティでできることについて社内の理解を促す必要もある**と思います。場合によっては、経営メンバーや管理部長などから会社全体にメッセージを出してもらうのもよいでしょう。特に、増員すれば社内からのニーズが満たされるのに、増員してもらえない場合は「会社としてひとりで法務を担うようにお願いしている」ということが社内に浸透しているか否かで、期待値が大きく異なることもあります。

理想と現実のギャップを埋める際には、理想と現実を一覧にし、その一覧を元に優先順位を相談したり、進捗状況を開示したりすることで、法務が出している価値を可視化することもできます。ある程度一覧が埋まったら、再度顧客のニーズを把握するフェーズに戻ることで、組織が求める法務像に近い形で、法務機能を強くしていくことができます。

また、法務業務に慣れてくると、最初は数ヶ月先しか見通せなかったものが、数年先、数十年先まで見通せるようになってきます。そうなってくると、「ひとり法務」を卒業する時、つまり**将来的に増員採用した際に成り立つ業務になっているのか、業務が属人的になっていないかといった視点で、業務を再構築する**必要も出てきます。

メンバーが増えると、コミュニケーションが発生し、業務の役割分担が発生します。そのような際にも、理想の姿と現在地のギャップを埋めるアプローチは有効なのではないかと思います。

実際に数年単位でこのニーズ把握と改善を繰り返すと、法務が成長することで「今の法務だったらこういうこともお願いしたい」「あわよくばこれもできるようにしてほしい」と「顧客」の求める水準が高くなっていきます。それは、自身が法務として成長できたことの裏返しでもあると私は思っています。「ひとり法務」は、会社に合わせて自分も成長しなければならず、なかなかハードな仕事ですが、その分得るものも多いと考えて頑張りましょう。

業務で扱う法律以外への視野の広げ方

「ひとり法務」の場合、どうしても「目の前の業務から学ぶ」ということを優先せざるを得ないので、自社で扱わないような法律については基本的な論点すら知らず、自分の力が社外でも通用するのか、世の中の一般的な法務と比べて自分がどの程度のレベルにいるのか、不安になることもあるかと思います。その場合は、ステップアップとして普段の業務から離れた分野の勉強をしてみることも有効です。

例えば、**民法や会社法など、一般法分野について基本書を読んでみたり、条文を通読したりすることで、今まで自分が触れてきた契約書や株主総会の運用について、改めて根拠となる条文や判例を確認する**ことができます。また、自社に関係しそうな分野の判例を読んでみる、定期刊行の法律雑誌等を読んでみるなどの方法でも、目の前の業務から離れたインプットを行なうことができます。

このようなインプットは実務に直結せず、遠まわりの勉強のようにも思えますが、例えば民法の定型約款の条文を理解したら、自社の利用規約を見直したくなるといった形で、業務につながることは多くあります。

また、直接的には関係なくとも、いろいろな法律に触れることにより、**初見の法律への対応力がついたり、法学の基礎的な素養が身につ**

いたりすることで、新たな業務や法律に対峙する際の「底力」のようなものがついていきます。

ほかにも、社外に出ていき、同世代や少し上の世代の法務の方と交流すると、自分が思いもよらない視点や考えで業務に取り組んでいることがわかり、モチベーションになるとともに自身のキャリアや仕事内容を見直すことができます。私自身、SNSなどで法務の人たちが意見を出しているものや、議論をしている内容を見て、自分に置き換えて考えることもありますし、そこで知り合った方とリアルで情報交換をし、自社の業務に役立てています。

◉社内で知識をアウトプットする

私自身が最近取り入れているのは、興味のある法律について社内のメンバーにカジュアルにヒアリングし、簡単に説明してみるというものです。

「AIと著作権」のような、普段はなかなか手が出ない最先端のテーマから、犯罪や刑罰等の普段取り扱わないテーマまで100本ノックのようにいろいろな質問が集まるので、時間を決めて調べられた範囲で、ライトに結果を共有するようにしています。

これによって視野が広がるのはもちろんのこと、弊社は小規模なベンチャー企業なので、**ほかのメンバーの「知識欲」を満たすことで、少しでも法務に対する信頼を蓄積する**ことができます。また、社内のメンバーがどういう部分にアンテナを張っているのか、どういう説明をすれば伝わりやすいのかなどの情報を得ることもできます。準備が大変な面もありますが、視野を広げたい方にはおすすめです。

経営や組織課題にコミットする

法務はリスクの舵取りをしているがゆえに、多種多様な社内情報が集まることで、社内の経営課題や組織課題が見えやすい職種だと思います。特に「ひとり法務」の場合、法務相談された内容はすべて自分で目を通すことになるため、やたらとトラブルの起こる部署があったり、少し危ない橋を渡ろうとしている動きだったりというのは、検知しやすいものです。

そこで、法務という枠から一歩踏み出して、経営課題や組織課題にコミットするというスキルの伸ばし方もあるかと思います。**法務は事業や組織を一歩外から俯瞰することができるポジション**にいるので、日頃から意識しておくことで、例えばみんなが見えているけど気づかないふりをしている課題（いわゆる“部屋の中の象”）や、みんなが見えていないような解決法を提案することもできるかもしれません。

例えば、A 事業部と B 事業部で別のものを企画しているが、実は C 事業部にいる D さんが一度法務相談に来ていて、実施はされなかったものの、過去に企画がそれなりに進んでいたとします。そういった情報を元に、法務が A、B 事業部と D さんをつなぐことで、当時の企画や試行錯誤をシェアしてもらい、想定よりも早く企画が進むということもあります。経営課題というと大袈裟になりますが、そういった**小さな手助けで事業がスムーズに進む**ようになることも、「法務として経営にコミットする」ということにつながると思います。

また、通常は法務チェックが通らないと不服または残念そうにするメンバーが多いと思うのですが、稀に法務チェックを通過しないことで安心する人はいないでしょうか？　その場合、実は自分はやらないほうがいいと思っているけれど、自分では断れないがゆえに、法務に断ってほしいという思いで相談してきている可能性があります。これは、裏にマネジメントや個人のパフォーマンスなどの組織課題が隠れていることがあります。そういった事象が続くようであれば、管理部内や人事部門に懸念を伝えるという形で、「法務として組織にコミットする」ということもできるかもしれません。

そのほかにも、法務はリスクヘッジのために経営メンバーとも話す機会が多い職種なので、正面突破で法務を売り込むこともできるかと思います。もちろん、依頼された仕事はしっかりとやるべきですが、それに加えて「今後の経営に重要そうな情報」や「数年後を見据えた法務からの提案」にもチャレンジすることで、経営メンバーと目線を合わせ、法務の経営に対する存在価値を高めていくこともできます。

◉社内に伝える際の注意点

気をつけたい点としては、**「求められていないことをやらない」**ということです。まず、こういったプラスアルファの業務を実施するには、依頼された法務業務がしっかりまわっていて、社内で信頼関係が築けている必要があります。

まだそれらが整っていない段階で発展的な業務に挑戦することは、

かえって法務や自分の評価を下げる結果になるので気をつけましょう。事前に経営メンバーやマネジメント層に「こういうことにも法務としてチャレンジしたい」といった形で提案し、合意してから進められるとよりよいでしょう。

ほかの部署と関わる際には、**相手の業務へのリスペクトを忘れない**ようにしましょう。同じ部署から続け様に課題が見つかると「なんでこんなことにも気づかないんだろう……」と思ってしまう場面もあるかもしれません。しかし、法務は売り上げに関する数値目標に追われておらず、横断的にいろいろな事業に関わることができるという、特殊な立ち位置におり、それゆえに見えている情報がたくさんあります。

また、そもそも他部署から指摘が入るという時点で、たとえそれが的を射たものであっても、あまり気持ちのよいものではないと感じる人もいるでしょう。自分ではそういったつもりでなくても、受け取る相手にとって、**高圧的だったり無礼な振る舞いにならないように十分気をつけましょう。**

伝え方に配慮しつつ、同じ課題に対峙する社内の仲間として、よい未来に向けた指摘がうまくできるようになると、法務としてのリスクの舵取りだけでなく、さらなる経営や組織へのコミットの道も開けてくるかもしれません。

法改正への対応や渉外活動

法務の仕事をやっている限り避けられないものとして「法改正」があります。一般的には改正が決まってから実際に改正後の法律が適用（施行）されるまでに期間があるのですが、「ひとり法務」の場合、改正時点でのキャッチアップが難しく、施行前ギリギリにセミナーなどに駆け込んで、最小限の対応をするという場合も多いのではないでしょうか。

法務業務に慣れてきた際には、改正の段階で対応を考えるということにチャレンジするのもよいでしょう。一般的には、改正後施行までの間に、行政が開示するＱ＆Ａや専門家によるセミナーや書籍等が整えられていくため、**改正時点では原情報である条文や過去の法改正の議論の議事録などから、情報を拾っていき、自社の対応を考える**ということが求められます。

「条文を読み、そこから自社の対応を考える」ということは、一見普通の業務に思えますが、実は結構ハードルが高いものです。特に「ひとり法務」は時間がないということもあり、書籍や行政のガイドラインや顧問弁護士の先生の説明など、法律を“噛み砕いたもの”をベースにして法律を理解し、条文は“参照”することが多いため、それらの説明なしにいきなり「条文」だけで考えるのは、難しい点があります。

一方で、改正時点で情報をキャッチアップできると、施行までの間に「準備期間」を長く取ることができます。例えば、施行前に書籍が出はじめてから対応すると、1ヶ月しか対応期間が取れないところ、ある程度前もって把握できていれば、半年程度は対応期間が取れることもあるでしょう。この準備期間は、場合によっては、事業を左右することもあります。

最近、「ルール・メイキング」や「ロビイング」などの渉外活動（行政に働きかけて法律自体を変える動き）も、法務に付随する仕事のひとつとして認識されているかと思います。それらの業務を法務として実施する際も、前提として**「法律をどう変えると、何が起きるのか」**という理解が必要です。

そのため、まずは法学の基礎を学びつつ、**書籍やセミナーなしで、法律、政令、省令などからその法律が規定している内容と、自社に与える影響を把握できるようになる**ことが、そのような大きな動きをするための、手前の一歩になるかと思います。

弁護士資格を有していなかったり、法学部の出身でなかったりすると、この“法学”に近い勉強に馴染みがない場合もあると思いますが、適切に法解釈ができることは、法務として法律を生業にしている以上、どこかで向き合って身につけるべきスキルだと思います。私自身もまだまだ勉強中ですし、法律は非常に奥深くて難しいと日々感じているのですが、ぜひ一緒に頑張りましょう。

COLUMN

法務だからって、どんな法律でもわかる訳じゃない……

法務あるあるだと思うのですが、法務以外の人から「すべての法律に詳しい」という誤解をされていることがあります。特に「誰かが逮捕された」のようなニュースに対してはよく「これって犯罪になるの？」「どのくらいの罪になるの？」と聞かれるのですが、私は企業法務をメインでやっていて、いわゆる刑事系（刑法・刑事訴訟法）は実務でほぼ使わないため、その場ですぐコメントできることがありません。

そのような場合は「お医者さんと同じで、弁護士とか法務にも専門分野があって、私はそのあたりは専門外です」と説明すると伝わりやすいということに、最近気がつきました。ただ、その後に「じゃあ何が専門なの」と言われると、ちょっと困ってしまいます。「ひとり法務」なので、何か尖った専門性を問われても分が悪いというのが本音です。

とはいえ、最近は少し賢く（ずるく）なってきたので、「いろいろやっているけれど、強いて言えば○○○とかを最近は頑張ってるんだ」という答え方を覚えました。○○○には、直近でやった例えば契約書レビューや新規事業の審査などを入れて答えます。法務に詳しくない人はこれで納得してくれるので、よかったら使ってみてください。

ちなみに迂闊に「民法」とか答えると、友人のまた友人の離婚の相談や、親戚の相続の相談とかが飛んでくることもあるので、ご注意を！

9 章

「ひとり法務」の不安と向き合う

「ひとり法務」が抱える 不安やプレッシャーの緩和方法

「ひとり法務」として仕事をしていると、ひとりで会社のリスクヘッジを担うというプレッシャーや、自分が成長できているかという不安を抱える場面もあると思います。その不安やプレッシャーは法務業務に真摯に向き合っているからこそ出てくるものであり、緊張感があるからこそよい仕事ができるという側面もありますが、不安やプレッシャーに押しつぶされそうになることもあるかと思います。私自身、過去に何度も押しつぶされそうになった夜がありました。

ひとつ自信を持って伝えたいのは、「自分が取っている方法が絶対に正しい！」「自分以外には評価できないから手を抜いてもよい」と割り切ってしまうよりは、**一つひとつの意思決定に恐怖感を抱きながらも、勇気を持って進めていくほうが、リスクの舵取りをする身としては正しい姿勢**だということです。**怖がりながらも前に進むのが法務への適性**でもあると思いますし、**怖がる自分を誇りに思う**くらいでちょうどよいのではないでしょうか。

◉倒れる前に休むこと

とはいえ、自分ひとりでリスクヘッジを担う重圧は凄まじいもので、つらくなる日もあると思います。そんな時には**「まずは倒れないこと」**を意識してほしいと思います。法務がひとりだけの状態で発生する**最悪の事態は「法務が失敗すること」ではなく「法務が不在になること」**です。

リスクヘッジの失敗は次に活かせばよいですが、リスクコントロールができなくなると、何がリスクかもわからない状態で事業や経営が進むことになり、それが会社にとって最大のリスクになります。

つまり、「ひとり法務」は華々しい成果を出す以前に「倒れてはいけない」のです。優れてなくても、怖くても、**私たちが舵を手にして頑張っていること自体に価値があります。**一時的に無理をする時期もあると思いますが、倒れる前に休みましょう。リフレッシュするための休暇で不在にすることは、突然倒れて退職したりメンタル不調などで長期離脱したりするよりはよい方法です。つらくなった時は、どうか**「倒れるよりはよい」「いなくなること自体がリスク」と唱えて、元気に戻ってくるために休んでください。**

◉未知を既知にすることは、それだけで尊い

普段の業務においては、法務は「知らない」「わからない」というストレスとも戦わなければなりません。特に「ひとり法務」の場合は**「自分が知らない＝会社の誰も知らない」**という構図になっており、知らない情報や論点が実務上で出てきた時には嫌な焦りを抱えることもあるでしょう。また、そもそも法律が難解なものなので、「勉強しているけど理解ができない」というストレスもあり、これがさらに「社内で誰にも質問できない」ことで深みにはまってしまうこともあります。

そのような時には私は、**「未知を既知にすることは、それだけで尊**

い」と唱えています。これは私の同僚がよく使うフレーズなのですが、気づいたら私も使うようになっていました。「自分が理解しておくべき点なのに」と落ち込むのではなく、「自分が今理解することで会社としても前進する！　そして、それは未知なものに挑む自分のおかげだ！」と割り切って進めるようにしています。

「自分よりもっと経験のある人や弁護士だったら、絶対に知っているだろうな、経験しているだろうな」と思うこともありますが、社内で法務を任されているのは私ですし、私だけです。そうだとしたら、架空の相手と比べずに**「自分が知ったことで、会社が知ったことになるから、前進した」**と思ってみるのはどうでしょうか。

また、わからない問題が出てきた時に思い出したいのは、**法学はそれだけでひとつの研究分野になるくらい、難しい学問**だと言うことです。そもそもルールというのは、時代に応じて人が人を治めるためにつくられ、更新されてきた、いわば人類の叡智が詰まったものです。

それをたったひとりで、ほんの数分、数時間、数日で簡単に理解できる訳がないのです。それでも「仕事だから」と勇敢に挑むのであれば、短期的な目線で深刻になりすぎず、長い時間がかかるものだという前提でコツコツ臨むか、専門家の力を借りてショートカットする必要があります。あまり深刻になりすぎないことが大事です。

◉日々、自分のコンディションに注意を払う

業務の性質上、ある日突然「ひとり法務」が楽になるということはなく、小さなプレッシャーとうまく付き合いながら、日々の仕事を進

めていく必要があります。私自身、元々持病もありメンタルも身体もさほど強くないので、「ひとり法務」になってからは相当自分のコンディションに気を配っており、結果として自己管理がうまくなるという副産物がありました。

気持ちの問題と言ってしまえばそれまでですが、同じように苦労する「ひとり法務」仲間が、少なくともここにひとりいます。責任とプレッシャーで背筋を伸ばしつつ、つぶれないよう、お互い頑張りましょう。

すべてをひとりで背負いすぎない

これは「ひとり法務」に限らず、社内にひとりしかいない職種の人すべてに共通するものだと思いますが、最初のうちはやるべきことが無限にあり、どれだけ仕事をしても終わらない感覚に陥ることがあるかもしれません。できていないことばかりが目につき、早く対応したい案件が山積みで、どれだけ仕事をしても終わらない……とため息をつく日々かもしれません。そのような時には、精神的につらくなってしまわないよう、すべてを背負いすぎない姿勢が必要です。

リスクヘッジをすることは重要ですが、今すぐにすべてのリスクをゼロにすることはできません。緊急度や重要度に応じて、優先順位をつけてリスクヘッジを行なっていく必要がありますし、急ぐあまり自分がつぶれてしまうと、そもそものリスクヘッジ自体がまったく進まなくなってしまいます。そのため、**課題が山積みの中でも、持続可能な範囲で優先順位をつけて対処する**必要があります。

やるべきことが多くて不安になったり、前に進んでいる感覚がせずにつらくなったりした際には、**やりたいこと・やるべきことを一覧にして書き出してみる**ことがおすすめです。

書き出すことで、漠然とした不安を具体的なタスクに変えることができれば、あとは一つひとつ対応していけばいいからです。また、一覧にすることで、経営メンバーたちと「どこから手をつけるべきか」「何を対処し、今は何をいったん放置するか」を話し合う土台をつくることができるようになります。

また、**最初から長期的な視野を持ちすぎない**ということも重要です。例えば、最初から「法務が10人になっても成立するような仕組みを整えよう」とすると、目先の成果に表われない業務にも相当の時間を取られることで、思うように進捗せず、苦しくなってきてしまいます。もちろん、長期的にも使えるような仕組みをつくることは重要ですが、直近で必要な業務の範囲をしっかりと社内で相談し、期待値と優先度を確認した上で、場合によっては短期的な視野でスピード感を持って業務を進めることも重要です。

「ひとり法務」がつぶれてしまう理由として、うまくいかないことがあった際に、「それはそういうものなのでしょうがない」ことなのか、「自分の能力・努力不足が原因」なのかということの切り分けができず、すべてを後者として捉えてしまうというものがあります。

複数人いれば、「みんなが通る道だから大丈夫」「それは事業側の法務の使い方にも問題がある」といった形で責任が軽減されるものが、社内に法務が自分しかいないがゆえに、責任をまるごと背負ってしまってつらくなってしまうことがあります。私自身も、そういったメンタルで落ち込んだ時期があります。

これについては、いわゆる**失敗を「評価」してくれる存在**がいることで、少し肩の荷が下りる場合があります。例えば、顧問弁護士であったり、社外の知り合いであったり、起こったことを抽象的にでも話せて、それに対して**「仕方がない」なのか「もっと頑張って」なのかを評価してもらえると、すべてを自分の責任で背負う必要はなくなります。**問題を自責で捉えて改善を繰り返す姿勢は重要ですが、自分で背負うべきではないものは「切り離す」ことも時には重要です。

◉法務のコミュニティに参加してみよう

とはいえ、「ひとり法務」からつながりをつくるのは大変なので、まずは顧問弁護士への定期的な相談の際に聞いてみることからはじめ、その上でリーガルテックツールのユーザー会や、法務のコミュニティなどに顔を出してみることおすすめします。すぐに知見を獲得することは難しくても、ほかの法務の人の考え方や業務を知ることで、気持ちを楽にすることはできます。

私自身、「U-35若手法務交流会」を主催しているので、もし苦しんでいる若手の方がいたらぜひ参加してみてください。また、ほかにもオンラインのコミュニティがあったり、SNSで交流会を企画する人もいたり、意外と身近なところにつながりのチャンスはあります。ぜひ「自分のため」にもコミュニティを活用するとよいと思います。

修羅場の数だけ経験値が得られる

「ひとり法務」の場合、すべての案件をひとりで対応する分、法務の中のひとりとしてチームの中にいるより、修羅場をくぐり抜ける経験が多くなるかと思います。ひとりですべてをやるため、ネガティブな経験や失敗もすべて自分に降りかかってくるというのはつらいポイントでもありますが、見方を変えれば、それらの**経験がすべて自分の糧になる**というのは、「ひとり法務」の醍醐味でもあります。

複数人のチームで法務を担当している場合、修羅場になったとしてもチームで対応できますし、誰かの失敗がシェアされることで、チームとしては同じ失敗を繰り返さないような仕組みもできます。しかし裏を返せば、自分起因でない修羅場や自分で経験できない失敗があるということです。

修羅場や失敗の時の「ひとり法務」は、心臓が凍るような感覚になり、泣きそうになりながら必死に対応するのですが、その**緊迫感があるからこそ得られる経験**というのは、「ひとり法務」のほうが圧倒的に大きいのではないかと思います。

法務という職種において、業務に必要なインプットに「経験しないと得られないもの」と「読書やセミナーなどの知識で得られるもの」があるとしたら、後者の比重が割と高い職種ではないでしょうか。

もちろん、後者のインプットだけでは仕事になりませんが、一度も経験したことはなくても知識としては知っているものがたくさんあり、それが初めて経験する時に活かされるといったことは、皆さんにもあるのではないでしょうか。

書籍やセミナーでのインプットは、誰にも平等にチャンスがありますが、**経験は自分から行動しないと得られないため、経験のほうが知識より希少性が高い分、価値も高いという考え方もできます。**

そのような視点で考えると、複数の法務であればマネージャー等の地位にならないと経験できないレベルの修羅場が、「ひとり法務」の場合はすべて自分に降ってくることで、いわば**経験値をどんどん稼ぐことができる**訳です。

とはいえ、ただでさえ負荷が重い「ひとり法務」において、思いっきり矢面に立つことはできるだけ避けたいものなので、そこはほかの法務の人との情報交換や、顧問弁護士によるダブルチェックなどで、防げるものはしっかり防いでいきましょう。

また、同じ失敗を繰り返していたら身がもたないので、一度の失敗からたくさん学んで、それをドキュメントに残して、似たような失敗を繰り返さないようにする必要はあるかと思います。

◉修羅場も失敗も血肉にする考え

それなら、自分が失敗しなくても、他人の失敗で経験値がもらえるほうがお得感があってよいという発想もあると思いますし、実際にはそういった理由で「ひとり法務」から複数法務に転職される方も多いと思います。

そこは向き・不向きもあるので一概にはすすめられないのですが、目の前の現実と向き合うために、修羅場も失敗も「貴重な経験値」として捉える発想があってもよいと思っています。私自身、自分が矢面に立たないとできなかった経験が、確実に法務としての自分を強くたくましく育ててくれたと思います。

兼任法務の
メリット・デメリット

本書では「ひとり法務」について説明していますが、読者の方の中には、ひとりにも満たない法務、つまり「ひとり法務」の状態でほかの仕事を兼任している方もいるのではないでしょうか。著者の私もまさしく、「ひとり法務」でありながらほかの仕事も兼任しているという状態です。兼任法務の場合は、法務業務に割ける時間が流動的であり、さらに自分の専門性や業務の深掘りといった点で不安がある方もいるかと思います。

兼任をしていると、どうしても法務にかけられる時間や工数に制限が出てしまいます。ほかの仕事が忙しい時期は、自分で丁寧に扱いたい案件も、あまり手元に長く留め置かずに顧問弁護士の先生に依頼する必要があるかもしれません。また、場合によっては兼任のせいでなかなか時間が取れず、法務として必要なインプットが滞ってしまったり、時間がつくれずに業務外の時間で勉強する時間を確保しなければならなかったりと、大変な点があるかもしれません。

法務という職種は、法律を深く理解し、法改正やガイドラインの更新をキャッチアップし、また時代や技術革新によって刻々と変化する法的論点を追いかける、いわゆる職人のような側面があります。専門家である弁護士の先生ですら日々大量の書籍などを読み込んでいる一方で、「ひとり法務」なのにそこまでやりきれていない自分が、さらに兼任によって時間も工数も奪われてしまうことに対する焦りは、私も日々抱えています。

◉兼任だから把握できることがある

一方で、兼任にはメリットもあります。それは、**事業や経営に対して視野が広がることで、「社内にいる法務の人間」としての価値を出しやすくなる**ことです。職人として競うのではなく、職人をうまく使うために自社の代弁者となるようなイメージです。

例えば、秘書業務などと兼任する場合、経営者の考え方や今後の展望等を知ることで、**先まわりしてリスクがどこに発生しそうかを考えるヒント**になります。事業部との兼任があると、**事業に関してのトラブル事例や自社の課題が見えることで、検知できるリスクが増える**こともあるでしょう。

また、**法務がリスクとして捉えていることの多くは、法務以外で顕在化します。**例えば、情報流出を抑えるために秘密保持契約書を締結することは法務でできますが、実際には契約書を締結しただけで勝手に秘密情報が社外に出て行かなくなる訳ではありません。例えば、情報持ち出しの承認フローであったり、適切なフォルダへのアクセス権限の付与であったり、そのような仕組みがない場合、「運用上絶対に守れない」ような義務が含まれた契約書というリスクを法務がつくってしまっているかもしれません。そのような**実際の現場での運用状況は兼任してみたほうが検知しやすい**ものです。

もちろん、法務という立場で社内を見渡して、他部署のリスクを検知でき、怪しいものは法務に報告・相談されるのが一番よいのですが、実際のルールの整備や文化の浸透には時間がかかります。

そのため、その間のつなぎとして兼任により「懐に潜り込む」ことで、見えるリスクの幅を広げることは、リソース面のデメリットがあるとしても、ポジティブな側面もあると思います。

「ひとり法務」の“楽しさの芽”を探す

「ひとり法務が楽しい」と言うと、多くの方から「そうは言っても大変でしょ？」「本当に楽しいの？」「楽しめるのは、あなただからじゃないの？」といった声をいただくことがあります。やはり、複数人いる場合に比べて「チームで取り組む」施策へのチャレンジができなかったり、他者との関係性の中で楽しむような場面が少なかったり、**「ひとり法務」は「大変さ>楽しさ」というイメージがあるようです。**

また、法務としてメディアに出ている方の多くは複数人の法務組織で動いているため、「チームで取り組む」前提の楽しみ方が目に入り、「ひとり法務」としてはそのスケールに圧倒されるとともに、少し孤独に胸が痛くなるような場面もあるかもしれません。そこで最後に、「ひとり法務」でもできる、少しマニアックな法務の「楽しみ方」をお伝えしてみようと思います。

まず、法務業務の面白い点として、社員のほとんどは、自分より経営や業務に関する知識があるけど法務に関する知識はない。社外で頼る弁護士などの専門家は、自分より圧倒的に法律に関する知識があるが、業務に関する情報を得ていない。このようなアンバランスさに挟まれている点があげられます。その両者の間で走りまわり、橋渡しするのが「ひとり法務」の仕事です。そのような**業務や経営のプロと、**

法律の専門家の間で、どのあたりにいる時が楽しいと感じるかに注目してみるのはいかがでしょうか。

例えば、社内向けの勉強会などを企画する場合は、法律の知識も必要ですが、自社の社員の共通言語であったり、興味を持ってもらえそうな事例であったり、初心者に対してわかりやすく知識を伝えるノウハウが必要になります。逆に、顧問弁護士に対して説明する場合は、法律用語を駆使しつつ、専門家によって必要な情報は何かを理解して、端的に説明する必要があります。どちら寄りの業務かで、必要になるスキルも異なる分、得意な仕事や楽しいと思える業務が見つかるかもしれません。

場合によっては、経営層と専門家が正反対のことを言っている場合に、双方の真ん中で、どこに妥協点があるのかを探り出すような場面もあります。この場合は、事業と法律の知識だけでなく、相手に対する提案や説得などのスキルも必要になるため、ほかの職種での経験が活きることも多い場面でもあります。**事業や経営サイドへの理解と、法律という専門知識の間で、自分が得意なポジションを探してみる**ことは、ひとつの「楽しむ」手がかりになるかと思います。

◉好きな分野を深掘りする

また、もし今の時点で、「この法律が好き」という特定の分野がある場合は、ぜひ深掘りしてみてください。具体的には、**より詳細な基本書を読んだり、その分野の第一人者の講演を聞いたり**して、法学の深淵に触れてみてください。

法分野によっては学会があったり、専門誌が出ていたりして、実務から離れて学術としての深い議論に興味を持てるようになるかと思います。**同じ問題意識があり、同じ分野に興味のある法務同士でマニアックな議論を重ね、知識を共有する**という体験は、なかなかほかでは経験できない独特の楽しさがあります。

◉得意なインプットとアウトプットに集中する

「得意なインプット・アウトプット」に集中してみるのも、ひとつの方法です。「読む」「書く」ということが得意であれば、契約書審査や議事録等、わかりやすい表現や伝わりやすい表現を追究する楽しさがあるかと思います。

「聞く」「話す」ことが得意な方は、社員教育や対外的な交渉などの、「話すアウトプット」が必要な場面で、目の前の相手に受け入れられていくような場面に楽しさを見出すこともできるかと思います。

私自身は「事業に近い」領域に楽しみを覚えるタイプなので、社内メンバーへ説明するような業務を定期的に入れて「楽しみ」を増やしています。その結果、「事業に大きく影響する」ような業法に必然的に詳しくなり、その分野で社外に出るような活動をはじめたことで、人材業界の法務の知り合いとマニアックな議論をする機会も増えました。また、読む・書くことが好きで、noteにアウトプットを続けたことで、今この本を書かせてもらっています。

こう書くと、とてもうまくいっているようですが、どれも最初は「ひとり」であるがゆえに外との関係性で楽しさを探すのは難しいものでした。孤独感に耐えながらも、自分の中にある“楽しさの芽”を探した結果が現在に結びついているのです。

残念ながら、「ひとり法務」のすべての業務が常に楽しいということはなく、楽しい業務も大変な業務もどちらもありますが、その中でも、**自分にとって「楽しい」と思える業務をひとつでも見つけられると、次第に楽しめる割合が増えてくる**のではないかと思います。

ぜひ、自分の「楽しい」ポイントを見つけてみてください。

COLUMN

「ひとり法務」長期休暇のススメ

「ひとり法務」の場合、自分が休むと法務機能が止まってしまうので、なんとなく長期休みを取りづらい人もいるのではないでしょうか？　その気持ちはとてもわかりますが、個人的にはある程度業務がまわるようになったら「2～5連休」くらいのまとまった休みを年に数回取ることは、非常におすすめです。

その理由としては「法務業務の避難訓練」ができるからです。例えば、突然自分が事故に遭ったり、感染症にかかって緊急入院したりといった場合、連絡がスムーズに取れない状況で会社は「社内に法務担当がいない状態」を乗り切る必要があります。その時に、最低限会社をまわすにはどういう判断が必要か、顧問弁護士の連絡先はどこにあり、過去の相談履歴や契約書はどこにあるのかを、社内メンバーが知っておく必要があるからです。

長期休みを取って、かつ迷惑をかけないように「マニュアル化」することで、自分が抱えている業務の棚卸しもできますし、事前に万全な準備をしたとしても休んでみると「このマニュアルがなかったから困った」「この業務があること自体知らなかった」などの足りない部分が見えてきます。

もちろん、業務代理をお願いするメンバーには負担をかけてしまうことになるので、日頃からの関係性構築や休む時期の配慮は必要ですが、何回か連休を経験すると、休むための「コツ」もわかってきて、迷惑を最小限にして休むことがうまくなってきます。

というのが、「ひとり法務」なのに年に3、4回、趣味のためにまとまった連休をいただく私の精いっぱいの言い訳です。代理業務を引き受け、快く送り出してくださる社内の皆様、いつも本当にありがとうございます！

エピローグ

「ひとり法務」は孤独ではない

「ひとり法務」は“独り”じゃない

「ひとり法務」になった当初は、私自身、非常に孤独でした。前職で士業の先生とのつながりはあるものの、企業法務の話をできる友人はおらず、一般的な法務の仕事方法もわからず、自分は何ができて何ができないのかもわからず、暗闇の中を手探りで歩いているようでした。そこから約４年、今の私は「ひとり法務」ではありますが、まったくの「独り」ではありません。たまに、「ひとり法務」だということを忘れることがあるくらい、楽しく“ひとり”を続けています。

そのきっかけをくれたのは、**私が書いたnoteを見て声をかけてくれた他社の法務の先輩**でした。そこから勉強会に誘っていただいたことで、初めて「法務の先輩」に触れることができ、先輩たちの勉強方法や仕事に対する考え方を知ることができました。同時期に法務互助会というオンラインコミュニティに参加したこともあり、自社には法務が自分ひとりでも、世の中にはたくさん法務の人たちがいるということがわかりました。

その後、**法学部時代の友人たちに声をかけたり、SNSの発信を続けることで、新たに知り合う方や、そのまた知り合いの方を紹介していただくことで、どんどん法務の知り合いが増えていきました。**その結果、今は困ったことがあれば相談できる先輩がいて、たまに飲みに行く仲間がいて、誘うことも誘われることもあって勉強会にも複数参加しており、本当にたくさんの仲間に囲まれて法務の仕事に向き合えていると思います。

◉社内の仲間たち

当初は法務という職種への責任感で視野が狭くなっていましたが、社内にも仲間はたくさんいました。同じコーポレートチームは、専門は違うものの、会社や事業の支援をするという点では共通しており、社内へのコミュニケーションの取り方や事業理解については十分に相談できる仲間です。また、事業のメンバーも、同じ会社で目標に向かって頑張る仲間です。

審査した契約書を顧客に伝えてくれる営業メンバーや審査した広告を掲載してくれるマーケティングのメンバーがいないと、法務がレビューしたものが世に出ることはありません。たまに立場が違うことで議論したり、意見が食い違ったりすることもありますが、**お客様によいサービスを届けよう、同じ会社の元で同じ船を漕いでいこうという点**では、社内のメンバーもよき仲間です。

◉“独り”から脱出する方法

今、振り返ると、“独り”にならないためには、**一歩踏み出してみる勇気**が何より重要だったと思います。声をかけてもらった誘いに乗ってみる。社内のメンバーに対して、自分の悩みを吐露したり相談したりしてみる。社外に対して、イベントに参加したり発信したりして、つながりをつくってみる。そういった小さい一歩が、私を独りから救い出して世界を広げ、「ひとり法務」でもやっていける自信と独りじゃない安心感を運んできてくれました。

本書には「ひとり法務」としてのノウハウや考え方を書きましたが、よいとされるものは常に移り変わっていくので、**“独り”にならず、情報の渦の中にいること**は「ひとり法務」を続けるにあたってとても重要だと思います。孤独にならないためにも、今後も進化を続けるためにも。

ぜひ本書を読んでくださった方が最初の一歩を踏み出して、外の世界と知り合い、気の合う法務仲間に囲まれながら、目の前の仕事に向き合えるようになることを願っています。

「ひとり法務」の仲間同士、それぞれの場所で頑張っていきましょう！

おわりに

本書をお読みいただきありがとうございました。

私は転職により、ずっと憧れていた「法務職」に辿り着いてもうすぐ４年になります。法務職に就けない期間も法務への憧れはどんどん膨らんでいましたが、実際に法務になってみると、「本当に法務職になってよかった！　法務は楽しい！」と日々思っています。もちろん、ひとりで会社の法務機能を担うということは、楽しい場面だけでなく苦しい場面もありますが、それを天秤にかけても、やはり頑張ってきてよかったと思える日々を過ごしています。

私がそう思えるのは、社外にもかかわらず質問に答え、相談に乗り、「法務」の後輩である私をいろいろな場に連れて行ってくださる先輩方。一緒に「わかほう」を運営したり勉強会に付き合ってくれる同年代の方々。私を頼って質問してくれる後輩の皆さん。そして毎月連載している note の記事を読んで応援してくださる仲間の皆さん。私が法務として出会う大勢の皆さんに恵まれたからだと思います。改めて、私を支えてくださる皆さんに、心から感謝を伝えたいと思います。

そして、いつも破天荒な「ひとり法務」を笑って支えてくれるLAPRAS社のメンバー、原稿を進めるにあたり相談に乗ってくださった先輩方、快く初稿のレビューを引き受けてくださった小川徹先輩、休みの日にもずっと原稿に向き合う私を応援してくれた主人にも、改めて感謝を伝えたいです。皆さんがいるから、どんなに大変でも私は頑張れます。

今、自分が考えていることを、書籍として世に出すことは、なんと勇気のいることだろうと思いました。一方で、本書の執筆にあたっては、今までいろいろな先輩方から「ひとり法務」としていただいたアドバイスを織り込ませていただいているので、そういう意味でも「ひとり法務は、ひとりだけど独りじゃない」ということを改めて噛み締めています。

数年後にこの書籍を見て「この時期はこのレベルだったのか」と言えるくらい、今後も「ひとり法務」を、そしてその先の法務職を極めていきたいという決意を表明しつつ結びとしたいと思います。改めて、本書を手に取ってくださり、ここまでお読みいただき、ありがとうございました。

飯田裕子

参考文献（五十音順）

『希望の法務――法的三段論法を超えて』（明司雅宏、商事法務）

『ここからはじめる企業法務――未来をかたちにするマインドセット』（登島和弘、英治出版）

『ザ・コントラクト――新しい契約実務の提案』（株式会社 LegalOn Technologies 編、奥村友宏 編集代表、商事法務）

『自衛隊メンタル教官が教える　心の疲れをとる技術』（下園壮太、朝日新書）

『事業担当者のための　逆引きビジネス法務ハンドブック　第２版』（塩野　誠、宮下和昌、東洋経済新報社）

『実践 ゼロから法務！　立ち上げから組織づくりまで』（柴山吉報ほか、中央経済社）

『実務がわかるハンドブック　企業法務　改訂第３版』（吉川達夫、飯田浩司、第一法規）

『スキルアップのための企業法務のセオリー　実務の基礎とルールを学ぶ　第２版』（瀧川英雄、第一法規）

『攻めの法務　成長を叶える　リーガルリスクマネジメントの教科書』（渡部友一郎　原作、大舞キリコ　イラスト、日本加除出版）

『ビジネス法務』2022 年４月号（中央経済社）

『法務の技法　第２版』（芦原一郎、中央経済社）

著者略歴

飯田裕子（いいだ　ゆうこ）

LAPRAS 株式会社　法務部門責任者
1991年生まれ。長崎県出身。中央大学法学部卒業後、金融システム営業、司法書士法人での事務職、士業総合コンサルティンググループのバックオフィスを経て、現職にて「ひとり法務」となる。契約業務から渉外業務まで幅広い業務をひとりで担当しつつ、ベンチャー企業の「ひとり法務」として得た学びを「法務のいいださん（@ iidasame）」アカウントで、note 等で積極的に発信している。「U-35 若手法務交流会」主催者。

法務のいいださん
note　https://note.com/iidasame
X　https://twitter.com/Iidasame

U-35 若手法務交流会
わかほう事務局 X　https://twitter.com/wakahou_u35

情報収集力とコミュニケーション力で確実に進める
ひとり法務

2024年 3 月21日　初版発行
2024年 6 月25日　3 刷発行

著　者 ―― 飯田裕子

発行者 ―― 中島豊彦

発行所 ―― 同文舘出版株式会社
東京都千代田区神田神保町 1-41　〒 101-0051
電話　営業 03（3294）1801　編集 03（3294）1802
振替 00100-8-42935
https://www.dobunkan.co.jp/

ISBN978-4-495-54157-6
印刷／製本：萩原印刷
Printed in Japan 2024